ブックレット《アジアを学ぼう》別巻⑲

南部真喜子

エルサレムのパレスチナ人社会

壁への落書きが映す日常

風響社

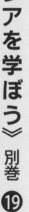

パレスチナ・イスラエル全体地図

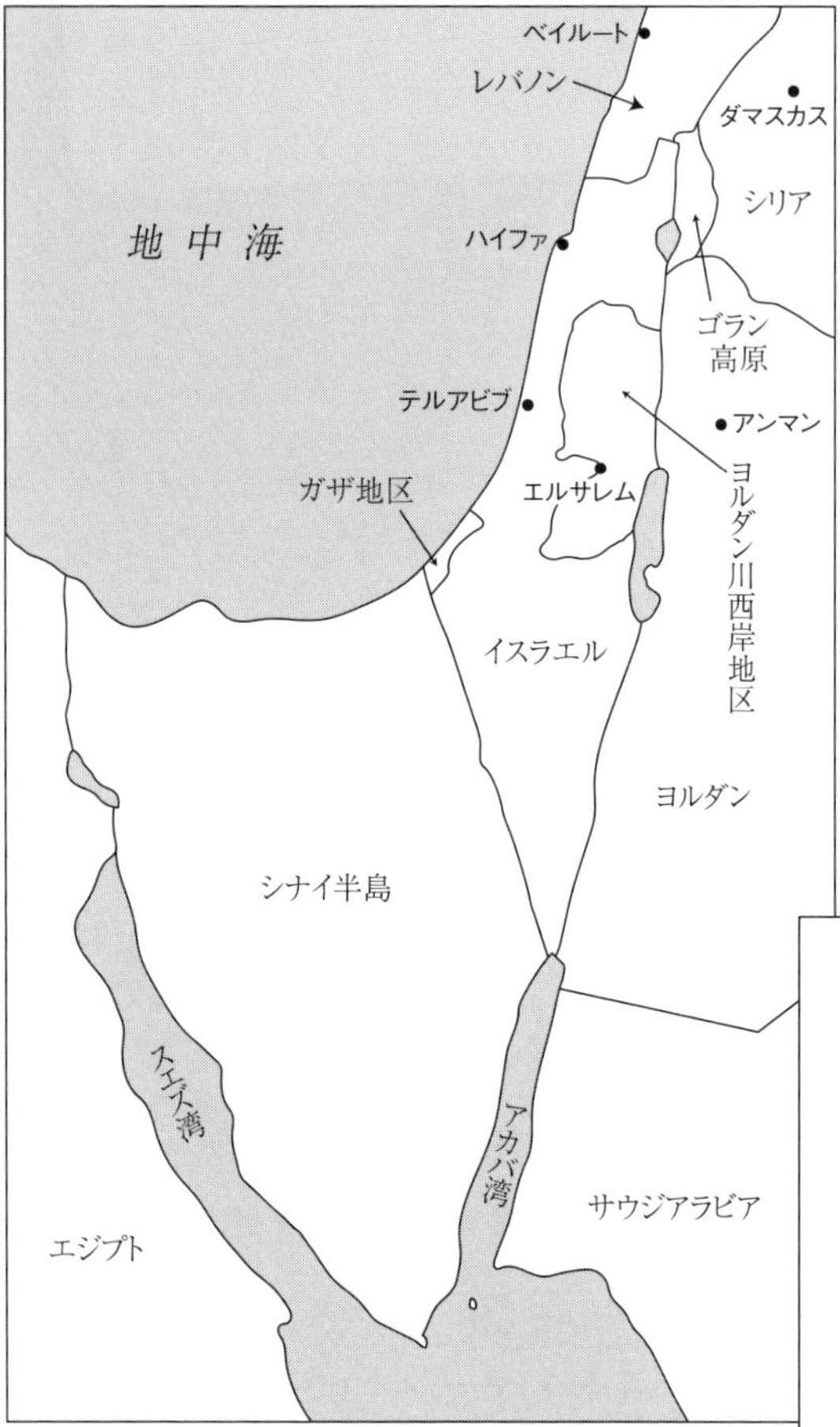

ヨルダン西岸地区の主な街

エルサレムのパレスチナ人社会——壁への落書きが映す日常

南部真喜子

はじめに

エルサレム旧市街の細い路地の階段を、市場の方へと足早に駆け降りる。ふと目を向けると、壁に一つの絵がある。パレスチナの地図の中央に、黄金屋根の「岩のドーム」が描かれ、アラビア語で「エルサレムはアラブナショナリズムの花嫁」の文字が添えられている。「岩のドーム」は、エルサレムを象徴するイスラーム教の聖地の一つである。この地で暮らすパレスチナ人にとって、長らく精神的かつ文化的支柱として栄えてきたエルサレムの心象風景を表したものなのだろうか。しかし、よく見ると、この岩のドームの頂点には、イスラエル国旗が黒いマジックで書き足されていた。

通りがかりか、あるいは近年、この地区に入植を進めるイスラエル人居住者が書いたものだろうか。数か月後に同じ場所を通りかかると、壁の絵から国旗は削られ、消された跡が残っていた。

この絵の路地、および本書が扱う場所は、イスラエルによる占領が続くパレスチナと呼ばれる地域の、エルサレムという街である。一九四八年のイスラエル建国に伴い、それまで住んでいた土地を追われたパレスチナ人たちは、現在も自らの国家を持たず、占領下の住民としてパレスチナ人社会を形成している。これまでにも占領に反対する抵抗運動や和平交渉が幾度となく試みられてきたが、占領体制は終結せず、紛争が長期化するなかで状況はむしろ複雑化した。今ではパレスチナといっても、エルサレムとヨルダン川西岸地区（以下、西岸地区）、ガザ地区、イスラエル領内のアラブ人社会、また周辺国に難民として暮らす離散パレスチナ人社会に分かれ、地理的に隔たりがある各地域を取り巻く環境は大きく異なり、その違いは一層固定化しつつある。

なかでも、一九六七年の第三次中東戦争でイスラエルが全域を占領したエルサレムという街には現在、市の西側にユダヤ教徒のイスラエル人が、東側にイスラーム教徒やキリスト教徒のパレスチナ人が暮らし、イスラエルの実行支配のもとでパレスチナとの微妙なバランスをなんとか維持している。冒頭の壁画と書き加えられた国旗が交錯するように、両社会にとって重要な意味を持ち、それゆえ衝突の震源になりやすい場所でもある。

本書では、このエルサレムという街の東側に位置し、パレスチナ社会の中核を成す東エルサレムという場所を中心に、この地で暮らす人々の日常と、それらを取り巻く占領の現状を書き表してみたい。二つの社会が混住しているとは言え、エルサレムのなかのイスラエル人の居住地区とパレスチナ人の居住地区には確かな棲み分けが存在し、その違いは通りを歩きながらもたやすく感じることができる。

旧市街を出て、新市街方面へと進むと西エルサレムの街が広がる。メインストリートには路面電車（トラム）が走り、カフェやレストランで賑わう繁華街で耳にする言葉や店先の看板はヘブライ語である。一方で、旧市街から東に向かうと、パレスチナ人の営むコーヒー店やスパイス屋、両替所が立ち並び、通りではアラビア語の会話が交わされる。路上では、パレスチナの伝統刺繍をあしらったドレスを着た女性たちが、地元で採れたハーブやブドウの葉、手作りのチーズを売っている。店名もアラビア語、書店で売られているのもアラビア語だ。トラムの代わりに、バスが東エルサレムの村々と、さらにはパレスチナ被占領地の西岸地区とを行き来する。

なかでも東エルサレムの通りを歩いていて目をひくのは、色とりどりのスプレーで壁に落書きされた数々のアラビア語の文字、グラフィティ（壁への落書き）だろう。その多くは、占領に反対するスローガンである。「闘え」「エルサレムはアラブだ」「自由とは日々の実践である」――そんな言葉が、道沿いの壁、建物や家の外壁、電柱に並ぶ。

これらの書き手は誰なのだろう。新しいグラフィティは、人知れず現れる。スローガンのそばに政党のロゴマークが記されているものもあるが、匿名のものも数多い。ある朝、当時住んでいた村のメインストリートの両側の壁がペンキで白塗りされ、その上に前日とは全く別のグラフィティが現れた。ある党派に属する村の若者たちが、党の指導者の命日を記念して夜中に書いたものらしかった。一夜にして景観が変わったのが面白くて、以来、路上の落書きに目を向けるようになった。すぐには意味が分からないものも含めて写真に撮り、あとで友人や近所の人たちに意味を教えてもらいながらグラフィティを集めることが次第にささやかな楽しみにもなった。

写真1　旧市街の周辺に広がるパレスチナの村。

グラフィティは書いては消され、また上書きされる。時代の空気感を瞬間的にとらえる壁の言葉は、鋭く、また儚い。書き手は、何を訴えているのか。一見すると、自然なほど風景に馴染んでいる「壁の落書き」といった、文化・生活空間に表出する、ときに言語的でときに非言語的な「声」を糸口に、東エルサレムの社会を見ていくことはできるだろうか。

パレスチナと占領の問題については報道で耳にする機会も多い。しかし、東エルサレムにおける占領の実態はつかみにくい。世界で有数の聖地を擁する場所でありながら、それゆえ隣合うイスラエル社会への全面的な抵抗は行いづらい。市行政を管轄するイスラエル当局による居住権のはく奪や、家屋破壊、警察暴力や逮捕などが頻繁に見られる東エルサレムでは、ナショナルな抵抗運動よりも、市の住民として税金を納め、イスラエル人と働きながら、生活空間への侵入といった、その一つ一つは小さい日常の暴力からコミュニティの生活基盤を守ることが、先決すべき課題となってきた経緯があるからである。

今では、パレスチナ人社会の多数派を占める西岸地区で展開するナショナルな動きの中心からも外れ、いわば見過ごされたコミュニティであると言える。とくに二〇〇〇年代以降は、西岸地区とイスラエルの間の分離壁の建設によってパレスチナ人同士の往来も制限され、東エルサレムの孤立が進んでいる。イスラエルによる東西エルサレムの統合（街のユダヤ化）と、パレスチナ社会との分断のはざまで、東エルサレムのパレスチナ人住民はパレスチナ側にとどまるのか、イスラエル社会で生きていくのかといった過渡期を迎えているとも言えるだろう。

エルサレムで二年間の留学を始めた頃、冒頭と同じエルサレム旧市街で、いくつかの印象的な風景に出くわした。家のすぐ近所には、アラブ・コーヒーや果物のフレッシュジュースが飲める小さなカフェがあった。外出の際には必ず通る道にあったため、そのうち店主のアブ・ジャマールと顔見知りになり、出先から戻るとよく店に立ち寄ってその日にあったことや新しく覚えた単語を、私は嬉しくて話すようになった。ある朝、店の前を通りかかると、アブ・ジャマールが青年と二人で朝食をとっている。旧市街の有名店「アブ・シュクリ」で買ってきたフンムス（ひよこ豆のペースト）とパン、というささやかな食卓を親子のように囲んでいた。青年は近所の家に住む大学生で、数日前にイスラエルの刑務所から釈放されたばかりだった。旧市街にあるアル＝アクサー・モスクに侵入しようとしたイスラエル兵士に向けて投石し、六か月ほど収監されていたのだという。あまり胃の調子がよくない、と言いながらも、青年は朝食を食べ終えると颯爽と去って行った。「小さい頃から同じ通りで面倒を見てきた。あの頃とおなじ様には話さなくなったけど、大きくなった今でも気にかけている」アブ・ジャマールは青年のことをそう話した。
別の日には、家を出たところで二人組のイスラエル人兵士が隣の家の半分開いた扉から、何の断りもなく入っていくのが見えた。夕方、家に帰宅して話を聞くと、その日の明け方に隣の家の息子が逮捕されたらしかった。夜、夕食を終えてベランダに出ていると、隣の家から父親の叫びにも近い怒りの声が聞こえてきた。

アブ・ジャマールのカフェは、旧市街の観光名所の一つであるヴィア・ドロローサ（苦難の道）に面しているため、時間を問わず、多くの旅行客が店の前を通っていく。彼らと会話をするうちに、アブ・ジャマールはいくつかの言語で挨拶を交わせるようになった。だが、店先から見えるこの風景は「大海の一滴」（nuqta fī il-bahr）のようなものだと、アブ・ジャマールはよく言った。そして、私がこれからこの地で経験することも同様に、と。

本書は、私が東エルサレムに滞在した二〇一五年から二〇一七年までの約二年間に同地で起きた出来事の記述である。社会現象と呼べるようなものから、日常の些細なエピソードまで、今の東エルサレムをかたち作る断片的な風景を書き留めたもので、その一つ一つは、アブ・ジャマールがいうところの「大海の一滴」だろう。

写真2 「ガザよ、震えるな」2014年夏のイスラエル軍によるガザ侵攻中に、東エルサレムで見かけたグラフィティ。（東エルサレム・ワディジョーズ地区 2014年8月22日筆写撮影、以下同様）

旧市街の通りから見える土産物店やカフェや様々な店の上階にある家族の居間で、また旧市街の外に広がるパレスチナ人の村々で、人々はどのような会話をし、生活を営んでいるのだろうか。なぜイスラエル兵士はパレスチナ人の生活空間に侵入し、なぜパレスチナ人の若者は通りに出て抵抗するのか。一見「落ち着いている」ように見える日常の背後にある、気の休まることのない不安や理不尽さを、人々はどのように感じ、対処しているのだろうか。無造作に書かれたように見える壁の落書きは、何を意味しているのか。

本書に出てくるグラフィティ（冒頭で述べた絵や落書きも含む）は主に二〇一五年から二〇一七年の間に私が現地で目にしたもので、現在ではもう残っていないものもあるかもしれない。そこに書かれてあるアラビア語の英文転写は、入れるのが適切だと思われる場合に併記し、その表記は原則として『岩波イスラーム辞典』に沿うようにした。ただし、地名などの固有名詞や、現地のパレスチナ方言で表現される言葉をカタカナで表記する場合には、なるべく現地の発音に近いものを記すよう心掛けた。なお、本書に登場する人名はすべてが仮名である。

◆コラム――パレスチナのグラフィティ

グラフィティは現地で「壁への書き物（kitābāt ʻalā ḥīṭān）」や「壁への落書き（kharabashāt ʻalā ḥīṭān）」と呼ばれる。スプレーやペンキで手書きされたものから、文字や図柄をくりぬいた型紙（ステンシル）を使って、その上からスプレーをかけて模様を転写するものもある。人の似顔絵やスローガンなどを、素早く拡散させるためである。例えば、イスラエルの収監中の囚人が不当な逮捕に抗議してハンガーストライキを始めると、その囚人の似顔絵が町中にあふれる。

パレスチナでグラフィティが盛んになったのは、一九八七年に始まった第一次インティファーダ（イスラエルの占領に反対する民衆蜂起）の頃だと言われている。運動のスローガンや、その日に出た逮捕者の名前など、情勢を断片的に伝える壁の言葉はコミュニティの重要なメディアだった。当時パレスチナでフィールド調査を行っていた文化人類学者のジュリー・ペティートは、その頃に書かれたグラフィティについてまとめた論考のなかでこう書いている。「人々は朝起きて、無名の活動家が通りに書いたグラフィティを目にし、抵抗が続いていることを知った」と［Peteet 1996］。

パレスチナのグラフィティと聞いて思い浮かべるのは、イスラエルと西岸地区との間にそびえる分離壁に描かれた数々の絵や文字類かもしれない。とくに、西岸地区の街ベツレヘムやアブ・ディースでは、人々の居住地のすぐそばに分離壁があることから、手の届く範囲で書かれた絵や文字から、大規模なアート作品までが所狭しと並んでいる。

ただ、もっとローカルな手書きのグラフィティも、パレスチナの通りにはたくさんある。それらは移り変わりも速く、また街によって少しずつ違っている。観察を続けるうちに、政党ごとの署名やスローガン、政党によって好んで使われる書体も、だんだんと分かるようになってくる。（例えば、「ファタハがここを通った」（fataḥ marrat min hunā）」は、パレスチナの主流党派ファタハが自分たちのプレゼンスを示すのに好んで書く文言である。また、「ラフィーク」という言葉は友人や仲間という意味であるが、同胞というニュアンスに近く、左派系の政党であるパレスチナ解放人民戦線が仲間を呼ぶ際に使う言葉である。）もちろん、どこの政党にも属さない人々によって書かれた落書きも数多い。それらは日常に根差した、身の回りの自由を訴えかけるものかもしれない。通りの壁の余白は、その地で暮らす人々の表現の場といえるだろう。

一　はざまに位置する街

1　東エルサレムという場所

東エルサレムとはどこにあるのか。その名の通り、イスラエルの領土およびパレスチナ被占領地のほぼ中心に位置する、エルサレムという市の東側、そしてそこに暮らすパレスチナ人コミュニティを指す。だが、「東エルサレム」という正式な地名があるわけではない。市のどちら側を指しているのかを示す便宜上、西エルサレムと東エルサレムという呼称が一般的に用いられ、後者は「アラブ・エルサレム」と呼ばれたりもする。現に、エルサレムに暮らすパレスチナ人やイスラエル人が自らの出身地を「西エルサレム」や「東エルサレム」と呼ぶようなことはあまりない。この地で暮らす人々にとって、エルサレムは「アル＝クッズ（アラビア語）」もしくは、「イェルシャライム（ヘブライ語）」なのである。

近い歴史を振り返ると、一九四八年五月にイスラエルが建国されるまで、エルサレムは一つの街だった。西エルサレムにもパレスチナ人は暮らし、ユダヤ人と仕事もしていた。建国に前後して起きた第一次中東戦争によって、市の西側はイスラエル領に、東側はヨルダンの統治下に置かれた。東西の境界にはフェンスが置かれ、国連職員や

東エルサレムおよびその周辺

カフル・アカブ
エルサレム市域
ベイト・
ハニーナ
シュアファート
アナータ
イッサウィーエ村
シェイク・ジャッラー
ヘブライ大学
（マウント・スコーパスキャンパス）
アッ＝トゥール村
シルワーン
分離壁（建設中含む）
休戦ライン
アブ・
ディース
ベツレヘム

エルサレム旧市街

ヘロデ門
（バーブ・ザハラ）
ダマスカス門
（バーブ
・アムード）
ムスリム地区
ライオン門
（バーブ・
アスバード）
ハラム・シャリーフ
／神殿の丘
岩のドーム
新門
（バーブ
・ジャディード）
聖墳墓教会
キリスト教地区
嘆きの壁
ヤッファ門
（バーブ・ハリール）
ユダヤ地区
アル＝アクサー
・モスク
アルメニア
地区
ダング門
（バーブ・マガーリバ）
シオン門
（バーブ・ナビー・ダーウード）

巡礼者、物資など許されたものだけが東西の検問所であるマンデルバウム門を通過した。

この状況は一九六七年の第三次中東戦争で大きく変わる。この戦争に勝利したイスラエルは、ヨルダン領とされていた東エルサレムと西岸地区、エジプトの統治下にあったガザ地区を占領した。東エルサレムが特異なのは、西岸地区とガザ地区がイスラエルの占領下に置かれたのに対し、イスラエルは自国の領域に東エルサレムを「併合」したことである。新たに「解放」された東エルサレムは西エルサレムと「統一」され、全市にイスラエルの法律が適用された。以降、イスラエルは「統一された東西エルサレムをイスラエルの首都とする」との立場を貫き、現在も市の行政はイスラエルが担っている。

イスラエルによる占領と、東エルサレムの併合および領有権を国際社会は公然とは認めてはいない。多くの国が自国の大使館を、イスラエルが主張する首都のエルサレムではなく、同国第二の都市であるテルアビブに置いているのはそのためである。しかし、二〇一七年一二月に米トランプ政権がエルサレムをイスラエルの首都であると認める宣言を出し、翌年五月には同国の大使館をエルサレムに移転させたことは報道でも広く伝えられた。米国による後ろ盾を得ながら、東エルサレムにおけるイスラエル支配の既成事実化は進んでいる。

この東エルサレムに暮らすパレスチナ人は、アラビア語で「エルサレム人」を意味する「マクディスィーン」という名で呼ばれている。現在、同市の約三八％の人口を占める彼らには、一九六七年以降、エルサレムで暮らす居住権が与えられている。西岸地区やガザ地区に暮らすパレスチナ人と違い、イスラエルの社会保障、健康保険、地方選挙への参加（国政は不可）、そしてイスラエル領内における移動の自由が認められる。このため、他のパレスチナ人よりも特権的な立場にあるとみられることもある。

ただ、この「居住権」は、イスラエル市民が持つ「市民権」とも異なり、仕事や学校、住所登録などの「生活の中心」がエルサレムにあることがイスラエル当局によって認められなければ、その権利をはく奪されかねない条件付きの身分を指すにすぎない。居住権のはく奪はイスラエル領内からの追放を意味している。

住民は居住権を維持するために納税義務も果たしている。ときに「市にお金を払うために、仕事をしているようなものだ」と言われるほど、その負担は日々の生活に重くのしかかる。だがその義務を果たしても、市が東エルサレムのコミュニティのために使う予算は、たったの一〇％程度に過ぎない。市のごみ収集車がめったに来ない村では、ごみ溜め場にたまった家庭ごみを住民が不定期に燃やしている。洗濯物を干しているとにおいがつくため、煙が立つとすばやく取り込む。道は舗装されておらず、郵便物も届かない。住民の多くは、市の郵便局に登録してある私書箱まで届いた手紙や荷物を取りに行く。

例えば老朽化した家屋を改築したり、家族が増えたことで増築するにも市当局の許可証が必要だが、それも容易なことではない。無許可で建てられた家屋は、「不法建築物」とみなされ、取り壊しの対象となる。土地はあっても建築や開発が禁じられているため、コミュニティが発展できる空間は限られている。その一方で、東エルサレムには、イスラエル人が居住する入植地が存在する。入植地と西エルサレムの中心をつなぐための道路は東エルサレム内にも延び、一部に路面電車が走っている。入植地や西エルサレムを含めて、イスラエルの商店や工場、その他さまざまな働き口がパレスチナ人の雇用を生んでいる現状もある。

東西の境界は曖昧だ。「統一」されても棲み分けの残る東西の違いは、一方ではますます深まるようでいて、もう一方では市の統合とユダヤ化から逃れられない現実がある。

東エルサレムのパレスチナ人が、その年のムハンマド昇天祭（イスラーム教の祝日）を過ごしていた同じ日に、イスラエル側ではホロコースト記念日を知らせるサイレンが朝の一〇時に鳴っていた。西エルサレムを歩いていて、アラビア語で「ガザ」と書かれた文字を目にしたこともある。別の通りでは、東エルサレム出身で、長らくイスラエルの刑務所に収監されている、地元の人なら一度は名前を聞いたことのある政治囚人、サーメル・イッサーウィの似顔絵を見つけた。普段東エルサレムで見かけるグラフィティを西エルサレムで目にすることはめずらしいが、その場におそらくパレスチナ人であろう書き手が存在していたことは不思議ではない。ある建物の入り口の壁には英語で「Think Palestine（パレスチナを考えよ）」の文字があった。その横には、あとで書き加えられたと思われる「Why?（どうして？）」の鉛筆書きが見られた。一方で、エルサレム旧市街のムスリム人地区の一角では、通りの名を示すヘブライ語表記が黒いスプレーで消されていた。「バーブ・フッタ地区」――アラビア語で書かれた、その地区の名前だけが残されていた。

2　深まる孤立

では、東エルサレムと西岸地区やガザ地区のパレスチナ人社会との関係はどうだろうか。エルサレムは長らくパレスチナ人にとって文化的、政治的、宗教的な中心地であった。イスラエルの建国に伴い、難民化や領土の分断を経験しても、それは変わらなかった。一九六〇年代に離散したパレスチナ人を中心に結成されたパレスチナ解放運動も、当初はイスラエルとなった領域を含む全パレスチナの解放、ならびに全エルサレムの解放を掲げていた。だが、占領が長期化するなかで、それも次第に現実味を失っていった。

代わりに言われるようになったのが、東エルサレムを含む西岸地区とガザ地区の解放という、妥協の結果としての部分的な領土の回復である。東エルサレムを首都に、西岸地区とガザ地区を領土に持つパレスチナ国家を、イスラエルに並立して建設する。パレスチナ側のこの公式立場は現在も変わってはいない。

その後は、被占領地で発生した第一次インティファーダ（一九八七〜一九九三年）と呼ばれる民衆蜂起に後押しされるかたちで、イスラエルと、解放運動を主導してきたパレスチナ解放機構（ＰＬＯ）との和平交渉が進められるようになった。一九九三年九月には、その帰結としてのオスロ合意が交わされた。合意内容は、将来的にパレスチナの

写真3「打倒オスロ（オスロ体制）」白塗りした壁に、新たな落書きと政党のロゴ。政党はパレスチナ解放人民戦線（PFLP）のもの。（東エルサレム・イッサウィーエ村　2016年9月12日）

独立国家を建設することを目標に、新設されたパレスチナ自治政府（PA）が西岸地区とガザ地区で暫定的な自治を開始するというものであった。PAを構成したのは、主に亡命先から帰還したPLO指導者たちであった。当初予定されていた暫定期間は五年間であったが、それから二五年以上が経った今も、独立は果たされていない。それどころか、交渉が行き詰まるなかで、二〇〇〇年代には大規模な軍事衝突（第二次インティファーダ、二〇〇〇～二〇〇五年）が発生し、イスラエルとパレスチナの両社会で和平反対派も台頭した。今では、直接交渉自体が難しい状態にある。加えて、ガザ地区を統治するハマース政権と、西岸地区を拠点とするPA政府との政治的不和も、すでに分断状態に置かれているパレスチナ人社会の一体性を取り戻す障壁となっている。

この一九九三年のオスロ合意は、東エルサレムのパレスチナ人にはどのような意味を持ったのだろうか。この街に関わる交渉は困難を極め、難民の帰還権などの問題とともに先送りされた。被占領地での自治は開始されたが、東エルサレムにその権限は及ばない。イスラエル側が治安対策のために建設した分離壁や、エルサレムへの入域許可制度の厳格化により、西岸地区とエルサレムとの間の人の往来は著しく制限されるようになった。地理的には離れているガザ地区行きのバスが、旧市街のダマスカス門前の通りから出ていたという話を、若者たちは昔話でしか知らない。自治区を拠点に展開するナショナルな動きから、東エルサレムは孤立したままの状態が長く続いている。

オスロ合意は、イスラエルとパレスチナが初めて相互承認をしたという点で歴史的画期とされてきた。だが、パレスチナの人々にとっては、画期は画期だがその意味合いは異なるようである。パレスチナ人社会を見る際に、一般的に使われるのは「オスロ合意の前と後」という区分である。だが、パレスチナの人々と会話する時に使われるのは、「PAが来る前と後」である。自治といっても占領当局の請負を担わされ、その利権によって強権化するPAに批判的なニュアンスが含まれている。

かつて、亡命先にいたPLO指導部と被占領地内部の抵抗運動をつなぐPLO本部が、東エルサレムのオリエント・ハウスと呼ばれる建物にあった。イスラエルとの和平交渉やパレスチナの自治を担う基盤造りの中心となっていた場所である。現在では閉鎖されているその建物のそばの壁には、「オスロ体制の打倒」という落書きがあった。

エルサレムと西岸地区とをつなぐ最大の軍事検問、カランディア検問所では、道端のコンクリートブロックに英語で「Qalandia ＝ USA（カランディア＝USA）」の文字が赤のインクで書かれてあった。イスラエルへの最大の支援国である米国を批判したものだろう。

写真4　分離壁にひっかかったサッカーボール。壁の両側で子どもたちが遊ぶ。（東エルサレム・ベイトハニーナ地区　2016年6月8日）

分離壁は縦長のコンクリート板を何枚も横に並べて建てられている。おそらくは、クレーンで吊るして設置するための丸い穴が、板の上下に開いている。それは、エルサレム名物の長細いゴマベーグルが入るくらいの大きさで、その隙間を通したモノの交換が壁の両側で行われていたそうである（実際ゴマベーグルもやりとりされていた）。それを見つけたイスラエル当局が流し込んだセメントの跡を今は確認できる。壁の上部のフェンスには、ひっかかったサッカーボールが何個も残っている。フェンスにひっかからずに壁を越えたボールは、反対側で遊ぶ誰かが蹴り返してくれる。分離壁は建設が始まって一五年以上が経つが、今も未完成で建設は続いている。一方で、最初の頃に作られた壁は、すでに老朽化しているようである。ある時、冬の多雨で壁の一部が壊れた。子どもたちが壁の反対側の通りに出てサッカーボールを蹴って走る様子がメディアを通じて拡散された。投稿には「自然は正義に味方する」と書かれてあった。

高い壁に阻まれて、お互いの姿が見えにくくなっているのは、何もイスラエル人とパレスチナ人だけではない。次で詳しく述べるが、イスラエルの国立ヘブライ大学に通う東エルサレム出身のサブリーンは、大学がイスラエル領内にあるほかの地から来た同世代のパレスチナ人と出会える数少ない場所の一つだと話す。彼らはイスラエルが建国された時に、イスラエル領内に残り、イスラエルの市民権を持つパレスチナ人たちで「四八年パレスチナ人」とも呼ばれる。加えて、西岸地区に暮らすパレスチナ人はエルサレムに来られないが、サブリーンたちは西岸地区に行くことができる。定期的に訪れて、西岸地区の大学生と交流する場を持っているのだという。

「東エルサレム出身の私たちは、イスラエル領内に住むパレスチナ人の暮らしを占領のない天国のようだと思っているし、西岸地区のパレスチナ人は東エルサレムに暮らす私たちを見て自分たちより自由のある天国にいると思ってる。でも現実はそのどちらでもない。」

エルサレムを謳った歌に「僕はエルサレムの子」というものがある。「僕はエルサレムの子　ここで生まれた揺らぐことなく　この地に座る」と歌は続く。次節では、エルサレムという、民族、宗教、政治のはざまに置かれたこの場所に座り続けるために、人々はいかに暮らしているのかを見ていくことにする。

◆コラム――パレスチナ問題とは

パレスチナ問題は、報道や書籍など、さまざまな媒体で目にする言葉ではあるが、それを紐解くことは容易ではない。その争いの「はじまり」を歴史のどこに置くのか、どの立場から出来事を見ているのかといったことも大切になってくるからである。

一九世紀のおわり、ヨーロッパでユダヤ人迫害の動きが激しくなるなかで、ユダヤ人のための独立国家を建設する潮流が生まれた。シオニズムと呼ばれる、ユダヤ人のナショナリズム運動である。国家建設を目指した場所は、当時オスマン帝国領の一部で、第一次世界大戦後はイギリスの委任統治下に置かれたパレスチナの地であった。ヨーロッパ情勢を背景に、パレスチナにおけるユダヤ人の組織的な土地の確保や移住が進められていった。

それまで住んでいた土地を追われる立場となった地元のアラブ人住民（パレスチナ人）による抵抗と、ユダヤ人による独立運動、そして双方のイギリス委任統治当局への抵抗運動は激化したが、一九四八年五月にイスラエル国家が建国された。この建国と、その直後に始まった第一次中東戦争を前後に、故郷を追われたパレスチナ人は約七〇万人とされ、この故郷喪失にまつわる一連の出来事はパレスチナ側では「ナクバ（大災厄）」と呼ばれている。

この結果、パレスチナ領土からは東エルサレムを含む西岸地区とガザ地区とが切り取られてパレスチナ人居住地となり、西エルサレムを含む残りの領土がイスラエルの領土となった。これは現在もパレスチナ人社会とイスラエル人社会とを分ける、基本的な境界である。

パレスチナ人は各地に離散した。東エルサレム、西岸地区、ガザ地区には、それまでそこに暮らしていたパレスチナ人住民の都市のまわりに、難民キャンプが新たにつくられた。イスラエル国境を越えて、ヨルダンやレバノンなど、周辺のアラブ諸国に逃れたパレスチナ人も数多い。一方、イスラエルが建国された時に、その領内にとどまったパレスチナ人もいる。本書にも登場するハイファやアッカーは、イスラエル建国前からパレスチナにある都市で、現在もイスラエルの市民権を持つパレスチナ人が多く暮らす街である。

第一次中東戦争後、東エルサレムと西岸地区はヨルダンの、ガザ地区はエジプトの支配下に置かれた。これが変化するのが、一九六七年の第三次中東戦争である。六日戦争とも呼ばれるこの戦いで、イスラエルはヨルダンから東エルサレムと西岸地区を、エジプトからガザ地区とシナイ半島を（後者は後に返還）、そしてシリアからはゴラン高原を占領した。東エルサレムを含む西岸地区とガザ地区の占領は、この時から開始している。

東エルサレムの場合は、西岸地区やガザ地区とは少し異なり、被占領地としてイスラエル社会と隔絶されるのではなく、むしろイスラエル領内に組み込まれた。イスラエル側からすれば、建国以来、東西エルサレムが再統合した歴史的出来事である。パレスチナ側からすれば、同じ被占領地でありながら、東エルサレムと西岸地区のパレスチナ人社会の分断が深まっていくきっかけとなった。

東エルサレム、西岸地区、ガザ地区におけるイスラエルの占領は、国際法でも認められていない。だが、占領は続き、今では第一次中東戦争の休戦ラインを大きく越えて東エルサレムおよび西岸地区に入植地が建設されている。二〇〇〇年代に建設され始めた分離壁は、当時激しさを増していた第二次インティファーダを背景に、パレスチナ人の攻撃からイスラエル社会を守る治安政策という名目で、イスラエルとパレスチナの境界に設置された。だが、これも休戦ラインを超えて、西岸地区のユダヤ人入植地を囲うように建設されている。

エルサレムの帰属の問題は、難民の帰還権や入植地の問題とともに、和平交渉における最終的地位問題として、交渉が先延ばしされている。一九九三年の和平合意によって発足した、パレスチナ自治政府が西岸地区とガザ地区における自治権を認められても、東エルサレムでの活動は認められていない。分離壁という物理的な障壁や、西岸地区のパレスチナ住民がエルサレムへの出入りを制限されているという制度上の障壁、さらにその障壁によってもたらされるパレスチナ人社会の立場の差異――それらが、イスラエル人社会とパレスチナ人社会のはざまにある東エルサレムの孤立の背景にあるのである。

二　イスラエル社会に身を寄せる

1　イスラエルで学び働く

イスラエルの国立ヘブライ大学は、東エルサレムのスコーパス山の丘の上に建っている。初めてこの大学の研究所を訪れた際、事務を担当するスタッフが所内を案内してくれたついでに、「いいものを見せてあげる」と言って細い階段を上って屋上に連れ出してくれた。校舎の屋上からは、岩のドームのある旧市街や、その先に広がる西エルサレム新市街が六月のよく晴れた日差しのもとで一望できた。

ヘブライ大学に最初の学部が設立されたのは、イスラエルの建国よりも二〇年ほど早い一九二四年のことである。一九四九年の第一中東戦争休戦から一九六七年の第三次中東戦争まで、校舎はヨルダン領となった東エルサレムにおけるイスラエルの飛び地となり、大学機関の存続を図るために西エルサレムに新たなキャンパスが開設された。今では、東のマウント・スコーパス・キャンパスと、西のギヴァット・ラム・キャンパスとを合わせて約二万人超の学生が通っている［Azem 2015: 318-319］。

　大学に通ううちに気が付いたのは、思ったよりもパレスチナ人学生の姿が多いことである。イスラエル領内に暮らすパレスチナ人はもともと、イスラエル人学生と同様に国内の大学を進学先に選ぶ。その一方で、東エルサレム出身のパレスチナ人の存在は数少なく、今でも西岸地区にあるパレスチナの大学に進む学生が大半である。それでも、近年の統計によるとヘブライ大学に進学する東エルサレム出身のパレスチナ人学生の数は増えており、二〇一八年の在籍数は大学院生を含めて五八六人だという。これに加えて、大学進学を控えた学生が準備期間として通うプレコースにも約四〇〇人が登録しているという。一〇年前には数十人ほどしかいなかったことを考えると、全体の学生数に比べると少ないものの、近年確実に増えている［Hasson 2019］。

　学生だけではない。大学のカフェテリア、売店、ブックストア、清掃員の多くが東エルサレム出身のパレスチナ人であった。店の責任者はイスラエル人だが、そのもとで働く従業員たちはパレスチナ人で、とりわけ東エルサレムのマウント・スコーパス・キャンパスの近くにあるイッサウィーエ村やアッ＝トゥール村から働きに来ている人が多いようだった。

写真5「自由とは日々の実践である」（西岸地区・ラーマッラー　2014年8月24日）

　友人が大学のカフェテリアで働くようになったのは一三歳の頃だったという。学校には行かず、その代わりに身近な親戚が働いていた大学について行くようになった。もちろん当時は正式に雇用されていたわけではなく、大学の塀を乗り越えて中に入っていたらしい（従業員は大学の入り口で職員証を見せてから入る）。現在、キャンパスを囲うその石壁の上には数メートルの高い柵が設置されている。二〇〇〇年九月に始まった第二次インティファーダでは、キャンパス内でも自爆攻撃が発生し、治安対策のために、それ以降に設置されたものだという。

大学のカフェテリアで仕事を始めたその友人を、イスラエル人の女性オーナーはアラビア語で鳥を意味する「アスフール」と呼んだ。まだ小さな体でキャンパス内をあちこち移動し、物を運ぶ姿が小鳥のようだったからだという。オーナーは代わったが、友人は大人になった今でも、家族や友人に親しみを込めてそう呼ばれている。

イスラエル人社会で生活の糧を得る東エルサレム出身者は大学に限らず多く、それは家族の誰かが働き手となる過程でごく一般的な職業選択となっている。東エルサレムでは十分な働き口が見つからなかったり、同じ職種でもイスラエル側で働いた方が収入がよいといった事情がその背景にある。

一見するとヘブライ語が飛び交う西エルサレムの繁華街だが、レストランの奥の厨房で皿洗いをしている店員や、シャワルマ（ケバブ）屋でサンドウィッチのテイクアウトを作ってくれたり、暑い日に粒氷入りのアイスコーヒーを手渡してくれる店員、ビルの清掃員や、バスの運転手など、働き手の多くは東エルサレムに暮らすパレスチナ人である。近所の女性は、前夫と離婚をしてから、シングルマザーとして就学前の三人の子どもを育てるために、イスラエル人女性の在宅介護をしていた。

ある日、用事があって早朝に家を出た。七時前に旧市街の前をバスで通ると、これから仕事に向かうと見られる男性労働者たちが列をなしてバスを待っている光景に遭遇した。何人かはバスに乗り、しばらくして建設現場と思われる場所の近くで降りて行った。数時間後には、地元の買い物客や観光客でにぎわう街角の、また別の風景であった。

滞在中に知り合ったパレスチナ人家族は、父親がイスラエルの野菜を産地から市場まで運搬する大型トラックの運転手をしていた。成人した二人の息子たちも、ヤッファ通りのレストランで一五時から深夜閉店までのシフトで働いていた。三人の娘たちはすでに結婚をして家を出ており、高校三年生になる末の娘が大学に進学するための学費を含む家計を、父親とともに支えていた。同居する一四歳の甥っ子は、学校がない日にこの叔父について行き、仕事を見たり手伝ったりしていた。職場体験のような非日常を本人も楽しんでいる様子だったが、そう遠くない将来、これが本業になっていくのかもしれなかった。彼の父親は、祖父とともに旧市街で精肉店を営んでいたが、高額の税金を納め続けることが困難になり、祖父の死を機に店をたたんだ。かつて店のあった旧市街の食肉市場には、シャッターが下りたままの店が他にも数軒あった。

こうした日々の生業を通して、東エルサレムの人々は西エルサレムのイスラエル人社会と関わりを持っている。日中はイスラエル人社会で働き、夜はパレスチナ人社会の家に戻る。あるいは、日中は東エルサレムの稼業を手伝い、夜のシフトに入るために西エルサレムに出かけていく。

ただ、このような仕事は政治情勢にも左右されやすい。二〇一五年九月に、エルサレム旧市街のアル＝アクサー・モスクがあるハラム・シャリーフでパレスチナ住民とイスラエル兵士との大規模衝突が起きた。その後、主にパレスチナ人の若者による、兵士や入植者を襲う殺傷事件が相次いだ。西エルサレムで働くパレスチナ人たちは、それらに派生した報復行為をおそれて通常の出勤が困難になった。大学キャンパスでは、パレスチナ人の清掃員だけが、そうと分かるバッジの着用を要求され、大学内の教授陣や学生たちからも批判の声があがった。友人が長年勤めたカフェエリアでの仕事は、情勢が悪化してから不定期にしかシフトが入らなくなった。オーナーとの個人的な関係など、他にもさまざま理由が重なり、今は西エルサレムにある別のお店でシャワルマを作っている。

2　ヘブライ語を学ぶ女性たち

西岸地区のパレスチナの街を歩いていて、外国人がヘブライ語で話かけられることはまずないだろう。イスラエルに働きに出ていたり、イスラエルの刑務所にいた時に習得して、ヘブライ語が分かるというパレスチナ人はめずらしくない。だがアラビア語以外の言葉で会話する場合、大抵は英語になる。

東エルサレムでは、旧市街近くの道で時折かけられる言葉がヘブライ語であることがあった。観光客の多い旧市街周辺と比べて、住民以外の訪問者が少ない東エルサレムの村では、初めて会う子どもたちにヘブライ語で話かけられることが何度かあった。子どもたちはヘブライ語を自由に話すわけではないが、知っている単語を、コミュニティの外から来た人に話していたのだろう。ここでの実用的な第二言語は英語よりもヘブライ語で、それは村の人々の生活とイスラエル社会との距離の近さを窺わせた。

ただ、東エルサレムに暮らしていても、アラビア語と同じようにヘブライ語が話せる環境にあるわけではなく、東エルサレムの生活圏における言語はアラビア語である。ヘブライ語を話す多くのパレスチナ人は、西エルサレムで仕事に就き、イスラエル人の雇用主や従業員、客と会話をするなかで身に着けてきた。だが、これまでそういった機会の少なかった東エルサレムの女性たちの間で今、ヘブライ語を学びたい人が増えている。そして、その需要の高まりから、東エルサレムでヘブライ語教室も増えているという。

ある知り合いの女性は、母親と大学生の娘と東エルサレムで暮らす。ヘブライ語は読めないが、エルサレム市役所から届く、健康保険や住民税、その他の重要な手紙はほとんどがヘブライ語で書かれている。「名前は読めるから、誰に宛てた手紙かだけは分かる」と笑う彼女も、空いた時間にヘブライ語の講座に通っていた。手紙の内容は、もともとはイスラエル領内の都市ハイファ出身のパレスチナ人で、仕事のために東エルサレムに引っ越してきた近所の女性に翻訳してもらう。近所とは言え、仕事で忙しくしている彼女には、たまに会えるときに、まとめて手紙の束を見せていた。いろいろと個人の情報が書かれた書類ではあるが、「信頼できる人がいるだけ、私たちは恵まれている」と話す。

別の女の子は、高校を卒業して東エルサレムにある短期大学に入学した。学生もパレスチナ人ばかりだが、授業はほぼすべてヘブライ語で行われているらしい。専攻している会計学の教科書を見せてもらった。もともと数学など理系の科目が好きな彼女は、卒業したら銀行に勤めたいと話す。東エルサレムにパレスチナの銀行はない。イスラエルの銀行に勤めるのなら、たとえ東エルサレムにある支店で同僚や利用者がパレスチナ人でも、ヘブライ語ができた方がよいのだと言う。

ヘブライ大学の裏の谷に広がるパレスチナ人のイッサウィーエ村では、住民の取り組みで村の女性たちが大学でヘブライ語を勉強できるプログラムを数年前から開始した。初級から上級までいくつかのクラスがあり、週に一度、夕方から約二時間、大学の教室で授業を受ける。講師は主にヘブライ大学の教育学部に所属する大学院生で、彼／彼女らにとっても教育実習の一環となっているため、受講料はテキスト代のみですんだ。当初は村の女性たちを対象としていたが、人伝てで東エルサレムに住む女性たちにも広がり、私も近所の人について通った。多くは二〇代から三〇代の若い女性たちだが、すでに子どもたちが成人した女性もいれば、ヘブライ大学に進学を考えているという高校生もいた。教室でよく隣の席になった高校生の女の子は、将来パティシエになりたくてイスラエルの製菓専門学校に通うためにヘブライ語を勉強していると話してくれた。

初級のクラスでも、授業はすべてヘブライ語で進められた。簡単な動詞の活用ルールや単語は、アラビア語と似ている部分もあり、受講生は難なく授業について行けるように見えたが、説明を理解するのは難しかった。私たちの授業を担当してくれたイスラエル人女性の大学院生は、高校の時に少し勉強したというアラビア語の単語を交えながら丁寧に教えてくれた。お話好きの受講生たちによって、授業はよく脱線もした。そのうち授業にはアシスタントの院生が新たに加わるようになり、最終的には教室のそばを歩いていたという理由で声をかけられた、イスラエル領内の都市アッカー出身のパレスチナ人で工学部に属する男子学生が、授業の後半の時間を使って、その日の内容をアラビア語で復習してくれるようになった。

ホワイトボードにヘブライ語とアラビア語を書いて授業の要点を説明してくれるその男子学生に向かって、受講生の女性がつぶやく。「あなたは幸運ね、ヘブライ語ができて」この男子学生や、先に述べた市役所からの手紙を翻訳していたハイファ出身の女性のように、イスラエルの市民権を持ち、イスラエル領内に暮らすパレスチナ人は現在、同国の人口の約二〇%を占める。イスラエルの市民権を持ち、ヘブライ語は生活するうえで欠かすことのできない言語であるが、家庭やコミュニティではもちろんアラビア語で育っている。マーカーのキャップを閉めながら、男子学生は静かに答えた。「僕もこの大学に入るのにすごく勉強しないといけなかった。ヘブライ語も決して簡単ではなかったんですよ」

東エルサレムの人々は、なぜ今、ヘブライ語を必要としているのだろうか。イスラエルの占領下にあるという事実も、市役所から届く手紙も、以前と変わりはない。話せる人が話す言葉から、話せるようになることが必要な言葉へと人々の意識が変化している背景を、知人はこう語った。「昔は、いずれ和平が達成されて、東エルサレムを含むパレスチナも独立した社会になり、ヘブライ語は必要ないと考えていた。今やそんなことは言ってられない」

長引く占領の現状に適応するためにヘブライ語を学ぶことが切実になった東エルサレムの人々と、その言語を母語に持つ大学院生、そしてイスラエル領内で育ちヘブライ語が身近な環境で育ったパレスチナ人。それぞれの境遇を思いながら授業を終えて教室を出ると、廊下の掲示板に走り書きされたアラビア語が目にとまった。

「パレスチナ　川から海まで」(filasṭīn min nahr ilā baḥr)

川はパレスチナの東の境界を流れるヨルダン川を指し、海は西に広がる地中海を指す。イスラエル建国以前の、歴史的パレスチナの全領土解放を意味する、スローガンである。

3　市民権か抵抗か

イスラエルの市場で働くパレスチナ人労働者、ヘブライ大学に通う東エルサレム出身の学生たち、ヘブライ語を新たに習う女性たち——イスラエル社会へ身を寄せる社会の変化を象徴するもう一つの動きに、市民権の申請がある。前述のとおり、東エルサレムのパレスチナ人は市民権とは異なる「居住権」しか持たない。社会保障や健康保険への加入、地方選挙への参加は認められるが、「生活の中心」がエルサレムにあることを証明できなければ居住の権利すら危ぶまれる、条件付きで不安定なステータスである。どこの出身でどこで生活しているか、そのようなことを誰かに確認される心配なく、自分たちの街で生活を続けたいと望む人々の間で、市民権を申請する動きが拡大している。

イスラエル紙『ハアレツ』の記者であるニール・ハッソンによると、東エルサレムのパレスチナ人の九五％はいまだ居住権のみである。申請件数は二〇〇三年の六八件から二〇〇八年には八〇〇件を超え、二〇一八年には一〇〇〇件以上にのぼっているというが、申請しても拒否されるものの方が大多数で、近年では年間で約三〇〇〜四〇〇人の申請者しか市民権を付与されていない。申請にかかる時間も長く、必要な書類をそろえて内務省の窓口に提出する予約を取るまでに約三年、そこから決定が下されるまでにさらに少なくとも三から四年がかかると言われている。申請が拒否される理由として、ヘブライ語能力が十分でないとみなされる場合、家族や親族が西岸地区にアパートなどを所有している場合、また政治的な理由でイスラエル当局に逮捕され、刑務所に収監されている親族がいる場合にも、「国への忠誠」が疑わしいとして認可されないこともあるようである［Hasson 2020］。

様々な理由はあるが、申請者である東エルサレムの人々や、申請に関わる弁護士は、一向に進まないプロセスの裏には、イスラエルにおけるユダヤ人の多数を守るために、市民となるパレスチナ人の数を増やしたくない当局の意図があると見る。最高裁判所からも手続き期間の短縮について勧告を受けた内務省の人口・移民担当庁は、二〇一九年に入り前年度の三倍近くにあたる一二〇〇件の市民権を東エルサレム住民に付与した。ただし一方で、それ以上の数の申請書も却下されている。

このように二〇〇〇年代以前にはあまり見られなかった、占領した側の市民権を得るというかつてのタブーはなくなり、むしろ生活を続けていくうえでの選択肢となりつつある現状がある。市民権の申請に関する報道記事に引用されていたあるパレスチナ人男性の、「日常はスローガンよりも切実だ」という言葉が印象に残る。

ところで、前述のイッサウィーエ村には、二つのコミュニティセンターがある。一つは住民のボランティアによって、空家を子どもたちや親がアクティビティに使えるスペースとして活用し、地元の非営利団体と連携したコミュニティプロジェクトも行っていた。ヘブライ大学で女性たちの語学講座を始めたのも、同じ運営に関わる住民だった。もう一つは、子どもたちが放課後に通える音楽やダンスクラス、小さな図書コーナーなどが置いてあるセンターである。住民、とくに子どもたちに社会的な居場所を提供する、その活動内容はどちらのセンターもあまり違いはなかった。ただし、後者のコミュニティセンターは、スタッフもみなパレスチナ人であったが、市役所による行政事業として運営されていた。

この違いに、意味はあるのだろうか。後者の市役所が運営するコミュニティセンターの壁には、「(イスラエルとの)関係正常化に反対する」といった落書きが、村の若者たちによって緑色のスプレーで書かれていた。夜中に火炎瓶が投げ込まれて小さな火事が起きることもあった。一方で、前者の地元住民が草の根で続けてきたコミュニティセンターの方は、たとえヘブライ大学というイスラエルの学術機関と関係を築いても無傷だった。しかし、このコミュニティセンターはその後しばらくして、イスラエル当局による家屋破壊の対象となり半壊され、活動は休止せざるを得なくなった。活動スペースを広げようと、センターの一部をリフォームしている最中のことだった。

二つのコミュニティセンターから近い、村の中心に位置するモスクの壁には、「この土地は、アラビア語以外を話さない」と書かれた落書きがあった。そのそばにあった石のブロックには、「エルサレムはアラブの街」の文字が見えた。旧市街に近い東エルサレムの繁華街サラハッディン通りにあるバス停近くの広告掲示板には、新たに市営の総合病院が開設予定であることを知らせる大きなポスターが貼られていた。エルサレム北部に位置する同市唯一の難民キャンプであるシュアファート・キャンプに建設予定らしい。難民キャンプに市行政が関与していること自体に矛盾を感じるが、シュアファート・キャンプには国連パレスチナ難民救済事業機関（UNRWA）が運営する学校以外にも、エルサレム市立小学校が存在している。数日後に同じ場所を通ると、壁から剥がれたにしては不自然に、歩道のすみにポスターが小さく丸まっていた。

生きる選択肢を広げることと、抵抗を続けること。それらをどこで線引きするのか。

写真6　エルサレム地方選挙への参加に反対するグラフィティ。（東エルサレム・サラハッディン通り　2020年2月21日）

二〇一八年一〇月に行われたエルサレムの市議会選挙は、あることで注目を集めた。東エルサレム出身の若者が政党を組んで、選挙に立候補したのである。東エルサレムのパレスチナ人は、イスラエルの国政選挙には参加できないが、市議会選挙には投票も立候補もできる。ただ、選挙に参加しようとするパレスチナ人はこれまでほとんどいなかった。占領当局の選挙には参加しないというボイコットの側面もあったが、市行政に見過ごされてきたコミュニティにとっては、そもそも関心を持つことが難しいというのが実情に近かった。

二〇代～三〇代半ばの若い立候補者たちが、将来の東エルサレムを見据えて、ボイコットを続けていても現状は変えられない、ならば自分たちの政治参加によって市行政の不均衡を変えていくべきだと訴えた時、同世代の若者たちは無視ではなく怒りで反応した。市役所前の広場で参加表明を行った立候補者には、卵がぶつけられた。批判は大きく、立候補は取り消された。その後しばらくしてエルサレムを再訪したとき、その時に書かれたのであろうグラフィティが路上の壁に残っていた。ダビデの星がついた投票箱に、靴が入れられているという絵であった。

三　若者たちの「インティファーダ」

1　抵抗

二〇一五年の一〇月一五日、エルサレムはイスラーム暦の新年、すなわち第一月ムハッラム（神聖月）の初日を迎えた。朝、仕事へ向かう友人に、近所の人が玄関先で新年の挨拶とともにオリーブの枝を手渡していた。枝を受け取った友人は笑顔で、「オリーブの枝をこの手から落とさせるな!」と声を上げて出かけて行った。

このフレーズは、一九七四年一一月の国連総会で、故ヤーセル・アラファトPLO議長が演説を行った時の有名な「オリーブの枝」スピーチの一節である。非国家組織の代表として初めて、国連総会の場でパレスチナ問題と民族自決権について自らの言葉で語ったアラファト議長は、演説の最後をこう締めくくった。

「私は今日、片方の手にオリーブの枝を、もう片方の手には自由のために闘う戦士の銃を携えてやって来た。オリーブの枝を、私の手から落とさせてはいけない。もう一度言う、オリーブの枝をこの手から落とさせてはならない」。いうまでもなく、「オリーブの枝」は平和の象徴である。友人と近所の人による、このユーモラスなやり取りがことさら胸に響くのは、当時エルサレムを含むパレスチナ全体で、近年でもとくに緊迫した情勢が続いていたからである。

一か月ほど前の九月半ばから、エルサレム旧市街のアル＝アクサー・モスクと岩のドームがある聖域ハラム・シャリーフでは、パレスチナ人住民とイスラエル兵士との衝突が激化していた。背景には、神殿の丘（同聖域のユダヤ教徒側の呼称）におけるユダヤ教徒の礼拝の権利を主張して同聖域への入域を繰り返す、近年のイスラエルで政治的に台頭する極右勢力の存在がある。聖域やモスクに武装して侵入する入植者や治安部隊と、それに投石などで反対するパレスチナ人の若者たちとの衝突は、一〇月に入ってから少し様相が変わった。検問所に駐留する兵士や、入植者、通りでランダムにＩＤチェックを要求する国境警備隊員に、パレスチナの若者が単独で、刃物などの身近な道具を使って襲い掛かる殺傷事件が相次いだ。それに呼応して、東エルサレムの村や西岸地区各地でも衝突が頻発した。翌二〇一六年の春になってやや落ち着きが戻るまでに、パレスチナ側に多数の犠牲者が出た。

写真７「僕らは傷を負った鷲のように生き　誇り高き獅子のように死ぬ　僕らはみな祖国のために　僕らはみなパレスチナ」（東エルサレム・イッサウィーエ村　2016年3月17日）

この衝突は、人々の会話やメディア上で「ナイフ・インティファーダ」や「アル＝クッズ・インティファーダ」、「第三次インティファーダ」と呼ばれるようになった。「刺せ」という言葉からナイフを握った手が伸びているグラフィティも現れた。

しかし、その一方で「インティファーダ」という言葉を使うことをためらう向きもあった。今起きていることは、果たして「インティファーダ」と呼べるのだろうか？　インティファーダとはアラビア語で「振り落とす」という意味を持ち、「蜂起」を指す言葉である。パレスチナでは、過去に第一次インティファーダ（一九八七〜一九九三年）と第二次インティファーダ（二〇〇〇〜二〇〇五年）という占領体制に反対する大規模な蜂起があった。武装組織による抵抗運動が先鋭化した第二次インティファーダに比べて、第一次インティファーダは民衆が主体となり、あらゆる手段を用いて占領体制への「反対」を突き付けた大衆運動として社会にも記憶されている。人々が「インティファーダ」という言葉で想起するのは、この第一次インティファーダの「精神」であることが多い。

パレスチナ人の若者が、たった一人で刃物などを用いて兵士や入植者を襲う。襲った若者はほぼその場で、何十発もの銃弾を浴びて亡くなる。自殺行為にも見えるやり方は「ローンウルフ型の攻撃」などとも言われるようになった。イスラエル紙『ハアレツ』の記者で、西岸地区のラーマッラーを拠点にパレスチナ社会での取材を続けるアミラ・ハスは、同紙への寄稿文の中でインティファーダとローンウルフ型攻撃の違いについて、こう述べている。

単独で行う攻撃と、数千人の若者たちが西岸地区の軍事検問所へ連れ立って向かうのには大きな違いがある。ローンウルフとは文字通りとても孤独で、絶望の深みに達したものだ。検問所での衝突は、その他の集団行動と同様に、一種の公的な集まりでもある。それには危険が伴いつつも、社会的な側面があり、現状に対して何かしらの影響を与えられるという感覚をもたらしてくれる［Hass 2015］。

連日のように若者が一人、また一人と検問所や路上で命を落とす日々がしばらく続き、それを止められない社会はアンコントロールな空気に包まれた。

今の一〇代から二〇代の若者たちは、一九九三年のオスロ合意の後に成長した世代である。この世代はよく「オスロ世代」や「オスロのロスト・ジェネレーション」と形容される。民衆運動の時代を実体験で記憶はしていない。代わりにあるのは、続く占領と増える入植地、強権化するパレスチナ自治政府のもとでの社会の不透明さである。占領が続き入植が固定化するなかで、社会を主導してくれるリーダーもおらず、目指すべき方向が見つからない。

そうした状況に生きる個人の憤懣やもがきが、アミラ・ハスの言う「絶望」なのではないだろうか。ある時、普段は政治の話をしない高校生の女の子が、たまたまテレビに映った政治組織を見て、「私はファタハにも、ハマースにも、どの党派にもまったく興味はない」ときっぱり言い切ったのが印象的だった。

イッサウィーエ村は、二〇一五年一〇月以降の衝突で、東エルサレムにおける初めての死者が出た村でもある。村には普段から所狭しとグラフィティが並んでいる。抵抗を鼓舞するものが多く、「闘え」(qāwam)や、「怒れ」(ighḍab)を意味する言葉が見える。「政治囚人に自由を」(hurrīya lil-asra)と訴えるものもあれば、パレスチナの作家ガッサーン・カナファーニの言葉「我らの血でパレスチナのために書く」(bi-al-dam naktubu li-filasṭīn)もある。当時よく見かけた落書きに、この時期に亡くなった青年の名前がある。メインストリートの壁、家の扉、塀、いろんな場所でその名を目にした。なかには、壁の低い位置に、まだ小さい子どもの字で、何重にも書かれたものもあった。

写真 8　右から「闘え」、中央は上から「刺せ」「蜂起」「怒り」などの文字。左にはガッサーン・カナファーニの「私たちは血でパレスチナのために書く」の言葉がある。(東エルサレム・イッサウィーエ村　2016 年 9 月 12 日)

ちょうどその頃、西岸地区のラーマッラーで、第一次インティファーダの頃にパレスチナで流行した歌のコンサートが開かれた。主催していたのは地元の文化団体ポピュラー・アート・センター(Popular Art Center)で、主に一〇代から二〇代の若者たちが企画し、選曲にも取り組んだのだという。奇しくも衝突が拡大していた頃に行われたコンサートは、最近の犠牲者への黙祷から始まった(コンサートは情勢が悪化する前からすでに企画されていた)。抵抗歌として知られる、これらの歌のラインアップは、当時を知る人ならば聴きなれたものらしい。カセットテープで出回り、各家庭にあったのだという。一緒に行った友人はハイファ出身で、第一次インティファーダは少し離れた場所から見ていたが、イスラエル当局に逮捕されたパレスチナ人の弁護士として働いていた父親や、東エルサレムに暮らす親戚から話をよく聞いたという。コンサートにはプログラムはなかったが、歌が始まるたびに彼女が一曲ずつ題名をメモしてくれた。

歌っている若い彼／彼女らにとっては、練習を通して初めて知る歌も多かったが、当時を実体験で知らなくても、社会の記憶として継承したいと思うのは、現代にも通じるものがあるからなのかもしれない。

2　逮捕と投獄

――「ぼくは覚えていない」（mish mitzakkar）

東エルサレムのメインストリートから少し奥まったところにある、マクディスィ通りを歩いていて目にした落書きである。壁いっぱいに、黒のスプレーで太く書かれていた。

当時エルサレムにいた人には、聞き覚えのあるフレーズかもしれない。東エルサレム出身の一三歳の少年が、イスラエル警察に逮捕されて、尋問をされた時に繰り返し叫んでいた言葉である。

二〇一五年一〇月の半ば、少年は従兄とともに、東エルサレム北部に位置する入植地ピスガット・ズィエーブの近くで、所持していたナイフで通行人を襲い、イスラエル人二人が負傷したと報道は伝えている。従兄はかけつけた警察官によってその場で撃たれて亡くなった。少年も負傷し、血を流しながら横たわっている映像がメディアでも流れた。彼を囲むイスラエル人たちが少年に向かって死を叫んでいる。

その映像だけでも衝撃的だったが、その後、尋問中の映像が警察から流れ出たことで、この少年は東エルサレムで逮捕を経験するその他多くのパレスチナ人若年層を象徴するものとなった。映像では、ユダヤ人男性職員がアラビア語で、「なぜ刺したのか」と大声で怒鳴りつけている。耐えきれなくなった少年が、頭を抱えて繰り返し、「覚えていない、僕は覚えていない、何も覚えていないんだ」と叫ぶ。この映像はテレビでも、ネット上でも拡散された。少年は事件から約一年後に、殺人未遂の罪で一二年間の懲役を言い渡された。

東エルサレムを含め、パレスチナでは「これまでに逮捕者を一人も出したことのない家はない」と言われるほど、逮捕は身近な経験だ。ただ、近年の東エルサレムを特徴づける問題の一つが、一〇代を中心とする若年層の逮捕である。そのなかには、仲間たちと路上に集まり、検問所や村の入り口から侵入してくる兵士たちに投石や火炎瓶などを投げては逃げて夜の時間を過ごす若者もいれば、誰にも何も言わずにある日、手にした道具で兵士に向かっていく若者もいる。そして、たまたま良くないタイミングで良くない場所に居合わせたばかりに拘束される者もいる。

写真9　「僕は覚えていない」。逮捕された12歳の少年が尋問中に繰り返し発した言葉。(東エルサレム・ワディジョーズ地区　2017年1月17日)

旧市街の南に位置するシルワン地区は、東エルサレムの中でもとくに逮捕者が多いコミュニティである。数年前に地元のコミュニティ団体が『Room No. 4（四号室）』という写真展を行った。主催した住民によると、拘置所から戻ってきた若い子どもたちが、口々に「四号室」の話をする。親は初め何のことか分からなかったが、西エルサレムのマスコビーヤと呼ばれる拘置所に、若年層の取り調べを行う際に使用される四号室という部屋があるのだと分かった。そこで何をされたのかを尋ねると、覚えているのは大きな手が飛んできたことだけだと、子どもたちが答えたのだという。その後、逮捕経験のある若者と接する中で、「四号室」という場所が逮捕者が通過する象徴的な場所として口にされていることが分かった。

シルワンや旧市街と並んで逮捕者の多いイッサウィーエ村では、村の入り口にあるガソリンスタンドの壁に、こんな落書きがあった。

「友よ……僕が死んだときには、墓にこう刻んでほしい――彼は決して自供しなかった」

おそらく村の若者が書いたものだろう。尋問や取り調べでは、自分のこと以外に仲間の名前や情報を提供することを求められる。内通者になって、協力しないかと誘われることもある。イスラエルの刑務所に収監されるパレスチナ人たちの投獄経験では、法廷よりも、その前段階で行われる尋問期間が重視される傾向にあるという。自供してしまえば、あとは弁護人や裁判官の手に委ねられる。一方で尋問は、取調官と対峙し、個人が試される時間だという［Hajjar 2005］。尋問されても、内通者にならないかと言われても、「口を割らない」ことは一種の抵抗であり倫理である。「自供しなかった」というのは、まわりの人々の記憶の中で、それを全うした人物だったと記憶されたかったのかもしれない。

3　死後の遺体

東エルサレムの通りを歩いていて、よく見かけるグラフィティに次のものがある。

「死者の体は我らの尊厳」（juthāmīnhum karāmatna）

西岸地区の街ではあまり見かけない、東エルサレム独特のグラフィティである。文字をくり抜いたステンシルの上からスプレーを壁に吹きかけていくもので、旧市街周辺の中心部でよく目にする。

ここでいう「死者」とは、イスラエル兵士との衝突や事件によって亡くなったパレスチナ人のことを指す。彼らの遺体は、イスラエル当局によって回収され、捜査期間を過ぎてもなお安置所で管理される。その多くが、テルアビブ市近郊のアブ・カビール法医学研究所にあると言われている。東エルサレムでは近年、この集団懲罰的な措置が多く適用され、弁護士を介した交渉の末、遺体が家族のもとに戻るのは、数か月後、ときには数年後になる。二〇一五年一〇月以降に相次いだ衝突や殺傷事件で犠牲になったパレスチナ人の遺体もそれ以降、数か月にわたってイスラエル当局が管理を続けた。そのうちの何人かは、イスラーム教徒にとってのラマダン月を迎える前や、二〇一五年一〇月から一周年を前にした時期に、家族のもとへと返還されていった。

写真10 「死者の遺体は　僕らの尊厳」（イッサウィーエ村　2016年3月17日）

返還の際にも制約がある。遺体は夜中に、集まることを許された数十人の家族や親族のみによって引き取られ、イスラエル警察当局が残るその場で、すぐに埋葬される。事故や病気による死とは異なり、イスラエル当局との衝突により命を落とした人々は社会の受難者（殉教者）とみなされる。その受難者の葬儀が、さらなるデモや集会につながらないようにするためのイスラエル側の治安対策である。冒頭にあるグラフィティの言葉は、死後も当局の手によって拘束されている遺体の返還を訴えるものである。そして、家族やコミュニティが自分たちの手で故人の死を悼む、その尊厳が守られることを求めるものである。

二〇一五年一〇月以降の一連の緊張が落ち着きを取り戻してしばらくした頃、エルサレムで知り合った家族の、西岸地区に暮らす親戚の一人が路上の検問所で兵士に撃たれて亡くなったという知らせを聞いた。その年のラマダン月に入ってからその家族を訪問すると、高校生の女の子が当時の様子を話してくれた。亡くなったのは、彼女の従兄にあたる。夕食後、私の手の甲にヘンナで模様を塗りながら、従兄の遺体がそう時間を置かずに返還されたこと、西岸地区のその街では葬儀への参加に制限はなく、彼女も参加してきたことを話し、携帯のカメラにおさめた遺体の顔写真を見せてくれた。

遺体の返還をめぐる議論は、近年では東エルサレムを中心になされているように見えるが、この問題自体はパレスチナ全体で以前から存在するものである。イスラエルには、「番号の墓地」（maqābir al-arqām）として知られる匿名の墓地がある。立ち入りできない軍事区域内に六か所ほどある墓地には、約二四〇名の身元が分からない遺体が眠っているとされている［Tahhan 2017］。身元不明のため、棺には名前の代わりに番号が記されている。古くは一九六七年の第三次中東戦争の戦死者の遺体で、パレスチナ人に限らず参戦していた周辺国からのアラブ人の場合もあるという。だが大半は、二〇〇〇年に始まった第二次インティファーダ以降に、イスラエル領内での自爆攻撃をはじめ、抵抗運動に関わった人たちのものだと言われている。

家族は遺体を埋葬できていないため、年月が経ってもどこかで生きているのではないか、刑務所に収監されているのではないかという思いが拭えない。二〇一七年頃からは、エルサレムで法的支援を行うエルサレム法律人権センター（Jerusalem Legal Aid and Human Rights Center）や、ガザに拠点を置くミーザーン人権センター（Al Mezan Center for Human Rights）に加え、一部は赤十字国際委員会の協力によって、「番号の墓地」に残されたままの遺体の返還をイスラエル政府に求めるキャンペーンが実施されている。西岸地区ジェニン出身のアーティストで写真家でもあるハーレド・ジャッラーは、数年前に「番号の墓地」を題材にしたアートプロジェクトを行った。その説明文の中で、年月が経過した遺体がＤＮＡ鑑定も行われずに無造作に家族に還されるのは、その故人のアイデンティティや生前の存在を消していく行為だと書いている。近年の遺体の返還をめぐるキャンペーンでは、家族に対する聞き取り調査や写真の確認に加えて、ＤＮＡ鑑定を行った上での身元の照合と尊厳ある返還を、イスラエル政府に求めているようである。

東エルサレムでは二〇一七年七月に、忘れがたい出来事が起きた。アル＝アクサー・モスクと岩のドームがある旧市街の聖域（ハラム・シャリーフ）の入り口に、治安対策として金属探知機が設置されたことに端を発した抗議行動である（次節に後述）。パレスチナ人住民による抗議行動そのものは、探知機が撤去されるまでは聖域に入らず、路上で集団礼拝を行うといったものだったが、東エルサレム各地では若者と兵士との衝突に発展した。その衝突のさなかに、アッ＝トゥール村出身の一九歳の青年が兵士に撃たれ、搬送先の病院で亡くなった。友人たちは遺体がイスラエル当局に捕らわれないよう、兵士が病院に到着する前に急いで遺体を病院から運び出した。シーツにくるんだ仲間の体を、病院の壁を越えて運び出そうとするその動画は、当時メディアで繰り返し流された。血が乾ききる前に、青年は仲間の手で村の墓地に埋葬された。仲間を亡くした直後のとっさの行動に、死後も管理させたくない、そんな執念が感じられた。

四　この地にとどまるということ

1　立ち退きと家屋破壊

パレスチナ人作家アダニーヤ・シブリーの掌編小説に『*The Death of a Respectable Professor from the Old City of Jerusalem*（エルサレム旧市街のある偉大な教授の死）』がある。エルサレム旧市街のアルメニア人地区のある一角を舞台

写真11 「エルサレムはアラブだ」（東エルサレム・イッサウィーエ村　2016年11月5日）

に、隣り合う家に暮らす住民の人間模様を描いた話である。旧市街では家々が密集して建てられており、玄関を出た中庭や、階段、狭い路地を住人同士が共有しあって生活空間が成り立っている。小説では、住人が生まれてくる子どものために部屋を増築したり、家の外に出てカーペットの埃を払う度に、隣近所の住人との間でいざこざや不和、また予期せぬつながりが芽生える瞬間が静謐な情景の中で語られる。

このような旧市街の家の造りは、パレスチナ人が暮らすムスリム地区やキリスト教徒地区でも同様である。ある路地はあまりにも横幅が狭く、その上くねくねと緩やかにカーブしている。反対側から来た人とすれ違う際には、頬がくっつきそうなくらい狭いということから「キスの小道」という名が付いている。路地に面した玄関をくぐった階段の先には、大抵の場合、数世帯が暮らしている。家長を筆頭にした親戚家族が建物を共有している場合もあれば、別の家族のこともある。狭い路地や商店が並ぶ通りの奥は、意外なほど複雑で入り組んでいるのである。

アル＝アクサー・モスクにつながるアル＝ワッド通りにほど近い住居で、建物を共有していたのはパレスチナ人とイスラエル人住民であった。イスラエル人家族が引っ越してきたのは最近のことではなく、二つの家族はすでに何年も住まいを隣していたらしかった。二つの玄関の距離は、わずか七〇センチほどである。建物の屋上には、イスラエル人の警備員が常駐するプレハブ小屋があった。東エルサレムでは今、住居に関わる問題が切迫した状況にある。具体的には、入植と立ち退き、家屋破壊などである。

東エルサレムや西岸地区に広がる集合住宅の入植地に加えて、個人の「割り込み」の入植が増えている。これらは旧市街をはじめ、ユダヤ教にとっての歴史的聖跡があるとされる、旧市街南部のシルワン地区、北部のシェイク・ジャッラー地区や、西のオリーブ山に集中しており、これらの地区ではパレスチナ人居住者の立ち退きが起きているのである。入植を強行しているのは、イスラエル政府の後ろ盾を得て活動する宗教的グループである。紀元七〇年頃にローマ帝国によって終焉を迎えた、かつてのユダヤ神殿とその神殿を中心にして栄えたとされる「ダビデの街」を現代に再興するため、これらの場所にユダヤ人定住者を増やすことを名目としている。

家屋の移譲には、様々な手段が用いられる。一九四八年以前にユダヤ人が家屋を所有していたことを根拠に、入植団体が裁判所にケースを持ち込むこともあれば、経済的に困難なパレスチナ人に家の売却話を持ちこむこともあるという。これまでに何軒の家が立ち退きの対象となったのか、定かな数字はない。ただ、一九九〇年代以降に増えており、少なくとも一八〇件が裁判で係争中である［OCHA 2018］。ただ、一度裁判に持ち込まれるとパレスチナ人住民側に勝ち目はほぼないという。新たな住まいを手にした入植者たちは、そこに暮らしていたパレスチナ人の家を改築することなく住み始める。パレスチナ人住居の間にぽつぽつとあるそれらの家が分かるのは、家屋に大きなイスラエル国旗が掲げられているからである。

写真12　エルサレム旧市街の風景。丸屋根が連なる。

近年、さらに切実な問題となっているのがパレスチナ人家屋の破壊である。これは、住民間の係争ではなく、市行政の決定の下で行われている。エルサレム市内にある建築物には、すべて建築許可証の取得が義務付けられている。それは家を増築する際も対象となる。しかし、一九六七年にイスラエル国内法が東エルサレムに適応された以前からあるパレスチナ人の住居の多くは、この許可証を持っていない。それ以降に新たに建てられた家も、申請から一〇年が経っても許可証が手に入らない事例が多い。中には、集合住宅の二階部分までは許可が下りていて、その上階にはないといったものあると、イッサウィーエ村を案内してくれた村の住人が教えてくれた。申請が降りない間も、許可証のない家屋は「不法建造物」とみなされ家屋破壊の対象となりうる。住民の多くは、罰金のように加算される税金を市に払うことで、何とか住居を保っている。

当時この村に住んでいた私は、ある朝何かが崩れるような音を聞いて目を覚ました。玄関から外をのぞくと、近所の家が、ドリル付きのブルドーザーで壊されていた。突然家を失った居住者は同じ村に住む親戚の家にとりあえず身を寄せることになった。その半年後の夏、村を案内してくれた住人の持ち家が破壊された。留学当初から、よく一緒に食事をした家でもあった。住民によると、破壊の一か月ほど前に市役所の検査官が家を訪問したという。必要な税金はきちんと収めており、市の職員が見回りに来ることもめずらしいことではないと思っていた。その一か月後、早朝の四時半に突然やってきた市の職員は、今から三〇分で持ち物をまとめて出ていくように伝えた。外が明るくなった頃、ブルドーザーが家を壊し始めた。家は半分だけが壊された。玄関やキッチンの紫色に塗られた壁は破壊後も残っていたが、居間や寝室部分はがれきになっていた。家族の荷物は、黒いビニール袋に詰め込まれ、向かいの家の前に並べられていた。

このように突然破壊される家もあれば、破壊命令が事前に通達される場合もあるようだ。市役所当局がブルドーザーなどで破壊した場合は、その破壊費用までも家主に請求される。その金銭的負担や、家を壊される精神的負担を少しでも減らすために、家主自らが家を取り壊すケースも最近では耳にする。イッサウィーエ村と同様に、村の大半が建築許可証を持たないシルワン地区でも、家屋破壊や立ち退きの危機を住民たちは肌で感じている。コミュニティの女性や子どもたちに課外活動を提供する地元団体の職員はこう話す。「数年前は、住民の立ち退きはイスラエル当局による「静かな政策（Silent Policy）」だと批判されてきた。今はもはや静かでもなく、事態は目に見えて深刻だ」

メディアで目にした、イッサウィーエ村の壁に書かれたグラフィティはこんな言葉を伝えていた。

「破壊政策に反対する　占領とその協力者が何をしようと　パレスチナは我らの場所だ」

なお、市役所の住居検査官が家の中をチェックしに来ることは定期的にある。イッサウィーエ村とは別の場所に住んでいた時も、役人が二人、家を調べにやってきた。階段の先に部屋はあるか、改築、増築はしていないか、そんな点検だった。ある時、分離壁の写真を撮影するために海外からやってきた写真家に同行したことがある。写真の機材を持って歩いていた一行に対して、近くの工事現場で働いていたパレスチナ人の男性が「市役所から来たのか」と警戒していた様子を覚えている。大半の住居が許可証を持っていない村では、そのすべてが即座に破壊されるのかというと、そうではない。ただ、いつでも突然、破壊命令を下すことができる、いつでも生活をひっくり返せるというその決定権こそが、住民の危機感の根源ではないかと感じる。

2　#出ていかない

二〇一五年一二月の年末から二〇一六年の年始にかけて、東エルサレムでは地元住民によるキャンペーンが行われていた。東エルサレム出身の二〇代と三〇代前半の政治活動家やジャーナリストの二人が、それぞれ東エルサレムから五か月間と六か月間の退去を命じられたことに抗議して、赤十字国際委員会のエルサレム本部がある敷地内にテントを張って座り込みを始めたのである。個人に対し、特定のエリアにある一定期間の立ち入りを禁じると

写真13　退去命令に反対するキャンペーンのポスター。「ここは僕の地、この場所からは出て行かない」の文字がある。（東エルサレム・イッサウィーエ村 2016年11月5日）

いうイスラエル当局による命令は、その根拠がきちんと説明されることなく決定されるが、名目はイスラエル国家の治安と秩序の維持である。立ち入り禁止は、その個人の出身の村であることもあれば、アル＝アクサー・モスクのある敷地内、またエルサレム市内のこともある。最近では、これらが草の根的な活動を行う若い活動家たちに向けられるという。

キャンペーンのスローガンは「＃（ハッシュタグ）出ていかない」を意味するパレスチナ方言のアラビア語「mish ṭāliʻ」である。

二人のうち、二〇代の活動家の青年は、これまでにも旧市街のダマスカス門の入り口で、地元の子どもたちへの文化活動を行い警察に拘束されたり、アラブ諸国の青年たちが集う集会に参加するためベイルートに行き、帰国後に逮捕され、その後しばらくは自宅軟禁の措置に置かれたりしていた。エルサレムからの退去を告げられた直後から開始した座り込みのテントには、家族や友人などの支援者が集まり、夜には音楽や文化イベントなどが開かれた。

キャンペーンのポスターにはこうある。「この土地は僕の地　ここからは出ていかない」（hiyye arḍī wmish ṭāliʻ）

物理的な分離壁や衝突よりも見えにくいかもしれないが、法律や政策のもとで移住を余儀なくされる人々にとって、ここから出ていかない、と訴えることは切実である。

テントは年が明けた一月六日に、敷地内に入ってきた警察によって撤去され、座り込みを続けていた青年は逮捕された。その年の一〇月に二〇か月の禁固刑が確定し、二〇一七年の夏に釈放された。二〇一六年四月に刑務所内で迎えた青年の誕生日には、更新が止まったままのフェイスブックに、友人たちがお祝いのメッセージを書き込んでいた。アラビア語には、直訳すると「いつの年もあなたが良くありますように」（kull sane wa inte bikhyr）というお祝いの言葉がある。誕生日のほか、新年や祝日の挨拶にも交わされる。青年のフェイスブックには、それになぞらえた「いつの年もあなたが自由でありますように」（kull sane winte hurr）の言葉があふれていた。

居住権を守ることの切実さは、人々の生活や人生の選択肢にも影響する。ある時、エルサレムから西岸地区のラーマッラーまで知人の車に同乗させてもらったことがある。検問所を越えてしばらく走ったところにある地区に、カフル・アカブと呼ばれる一帯がある。分離壁は、ここは分離壁の西岸地区側に位置しているが、エルサレム市の定める行政区域に含まれている場所である。一九四九年の第一次中東戦争の休戦ラインを基礎とするイスラエル領と西岸地区との境界に必ずしも忠実ではないルートに建設されている。休戦ラインを越えて西岸地区に入り組む形で壁が建設されている場所では、西岸ＩＤを持つパレスチナ人が壁のイスラエル側に置かれていることになる。反対に、カフル・アカブのような場所では、エルサレムＩＤを持つパレスチナ人が、西岸地区側で暮らしているのである。

このエルサレムから見て「壁の向こう側」に位置する東エルサレムコミュニティに近年移住する人が増えているという。地理的には東エルサレムの北部に位置する、シュアファト難民キャンプやアナータ地区の先に位置している。エルサレムの行政区域には入っているが、そもそも東エルサレムには手薄な行政サービスは、この壁の向こう側にある地域にはもっと届きにくい。一方で、パレスチナ自治政府の管轄権の及ばない地域でもあるため、事実上の無法地帯となっている。ここに移り住むパレスチナ人の中には、結婚をして新たに家庭を持つ人たちもいる。

車を運転しながら、知人は説明してくれた。「世界では国際結婚（mixed national marriage）があるけど、ここでは異なるＩＤを持つ者同士の結婚（mixed ID marriage）がある」。すなわち、西岸地区に暮らし西岸ＩＤ（グリーンＩＤとも呼ばれる）を持つパレスチナ人と、東エルサレムに住みエルサレムＩＤ（ブルーＩＤ）を持つパレスチナ人が結婚する場合、住居をどこにするかが問題になる。西岸地区に暮らすパレスチナ人は、基本的にエルサレムには住めない。エルサレム出身者と結婚し、内務省に申請して配偶者として在留資格が得られることもあるが、その他の様々な許可証と同様に、その手続きは長い時間を要する。一方で、エルサレム出身者が西岸地区に移住すると、「生活の中心」がエルサレムにないという理由で、居住権をはく奪されてしまいかねない。お互いが、居住権を維持しながら共同生活ができる場所として、カフル・アカブをはじめとする壁の向こう側の場所が選ばれているということである。もちろん、旧市街周辺の東エルサレムの中心部では、新たな住居を探すことがそもそも難しい現状もある。

東エルサレムの住民は、居住権を維持するために「生活の中心」がエルサレムにあることを証明しなければならない。それは住民税、通学証明、住所登録、電気水道の支払い書類などによって証明される。

ところで、東エルサレムで知り合った女の子たちの結婚報告は、ある日突然やってくる。旧市街を歩いていて、偶然久しぶりに顔を合わせた友人は、挨拶もそこそこに指にはめた指輪をぱっと見せて「私、婚約したんだ」と教えてくれた。後日、家を訪ねてゆっくり話をした際に、結婚後はアナータ地区に行くと知らされた。結婚相手も旧市街の出身だったため、ここには住まないのと尋ねると、彼女の母親が、ここには住まないよと静かに答えた。おそらく、住まないのではなく、住めないのだろう。

また、イッサウィーエ村に引っ越した当初、部屋に棚をつけてくれるはずの大工さんは、約束の日に現れなかった。娘が警察とトラブルになっていた、と後日、大家さんを通じて知らされた。その後、大工さんの娘と初めて顔を合わせたのは、彼女が八か月間の自宅軟禁を終える間際のことだった。問題なく済めば、明日の裁判で全てが終わると話していた。それからしばらく経って、めずらしく彼女から電話がかかってきた。結婚報告と村の自宅で行う婚約パーティへのお誘いだった。彼女もまた、結婚したらカフル・アカブに引っ越すと話していた。

結婚式は女性と男性でフロアが別れていることも多い。男性が女性のフロアにやってくるのは、新郎が新婦の父親に連れられて入ってくるわずかな間のこともある。それでも、結婚式が同世代の出会いの場となり、とんとん拍子に婚約が決まることも多い。親戚の人数が多いパレスチナでは、遠い親戚同士で結婚することもめずらしくはない。

ある時、近所の家で夕食を終えた後、トルコのテレビドラマが流れる居間でゆっくり過ごしていると、結婚のシーンが映った。母親が「リーマもヒバもマイスもみーんな結婚して家を出ていった」とこぼす。娘のリーマと、その従妹である姪っ子たちのことを言っている。皆、一〇代後半から二〇代の女の子たちである。リーマは当時妊娠中で、もしお腹の子が女の子だったら「アーイシャ」と名付けたいと言っていた。アーイシャは、七年前に病気で亡くなったリーマの姉の名前である。母親は賛成も反対もせず、「いなくなってしまったことには、変わらないでしょう」と言った。ただ、男の子だったら「ムハンマド」がいいという提案にも、これまた「大きな名前よね」と笑った。本音では、娘が若くして結婚したことも、その後すぐに子どもを授かったことについても、心配半分の複雑な思いもあったのだろう。リーマがいない時によく、「まだ子どもだけどね」と話していた。

エルサレム出身のリーマの結婚相手は西岸地区の出身で、結婚前はエルサレムで家具のメンテナンスを行う仕事をしていた。許可証は朝から夕方までの、勤務時間帯のみ滞在が許可されるものだった。たまに、リーマの実家で夕食を食べたりすることもあったが、母親はその度に兵士が駐留する村への出入りには気を付けるよう、心配していた。結婚後は、実家近くの部屋を借りて住み、滞在許可証は定期的に更新をしているという。村には許可証を持たずに暮らす西岸地区出身の人も少なからずいるようで、入り口で兵士が通行車両のIDチェックを始めると、運転手たちはクラクションを鳴らして、反対側から検問に向かう車に知らせることがあった。検問が敷かれている、もしIDに問題があるなら今は来ない方がいい、という合図である。

西岸地区からエルサレムに越境する人々も、エルサレムIDを保持しながら人生の選択を行う人々も、居住する権利という基本的な権利を維持するために多くの資源や労力を費やしている。様々な制約はあるものの、それぞれの生活は続いていく。妊娠が分かったばかりの頃にリーマが言っていた言葉を思い出す。「私たちの人生は早い。早く結婚して、子どもも早く産まれるの。人生なんでも早いの」

3　路上の集団礼拝

その年のラマダンが明けてしばらくたった七月のある日、友人から電話があった。最近あたらしい仕事を始めたというその近況を聞いていると、電話口の向こうで「マブルーク！　マブルーク！」（アラビア語でおめでとうの意味）という声が聞こえた。そばを通りかかった人が友人にかけた声のようだった。何のお祝いかと聞くと、「甥っ子がタウジーヒだったから」との答え。

タウジーヒとは、パレスチナで実施されている高校卒業認定試験のことである。卒業試験と言われるが、日本の大学共通入試のようなものにあたる。タウジーヒの得点によって出願できる大学や学部が決まるため、パレスチナの大学に進学する生徒たちにとっては高校生活を締めくくる大一番だ。結果が発表されると、その喜びと解放感から、窓の外に身を乗り出しながら友人同士と車を走らせる風景があちこちで見られる。

言われるまで気が付かなかったが、この日はタウジーヒの結果発表の日だった。朝から頻繁に花火のような音が聞こえていたが、それはタウジーヒの祝砲だったのだ。その年のタウジーヒの試験日程はちょうどラマダン月に重なっていたため、日中の断食をしながら勉強に集中するのが大変だ、と近所に住む高校三年生の女の子が話していた。夜、祝いの余韻が残るイッサウィーエ村では打ち上げ花火があがっていた。

その二日後のことである。二〇一七年七月一四日の朝、岩のドームやアル＝アクサー・モスクのある旧市街の聖域ハラム・シャリーフで銃撃事件が起きた。ベツレヘムに向かうバスの中で、乗客の男性が携帯電話で話す声が聞こえた。「ウンム・イル＝ファヒム」「殉教者」。エルサレムの朝の街に普段と変わった様子は見られなかったが、何かが起きていることは察しがついた。パレスチナでは、どこかでデモや衝突が起きたといった情報をバスの車内で知ることが多かった。例えば、西岸地区を走るセルビスと呼ばれる乗り合いバスでは、無線を通して運転手同士が道路の交通情報を伝え合う。あの道はふさがっている、それを受けて運転手は色んな迂回路を通って目的地までセルビスを走らせる。時には追加料金が加算されることもあった。乗客はしぶしぶ、でも仕方がないといった風に黙々と後ろの座席から前方に小銭を手渡していくのだった。

その日の午後は、東エルサレムの知人の家を訪れた。家族の男性がテレビのニュースを見入っている。今朝の事件について、詳細が少しずつ明らかになっていた。イスラエル北部のパレスチナ人の村ウンム・イル＝ファヒム出身の青年三人が、聖域に通じる門の一つである鎖門に駐留していた国境警備隊員二名を銃で襲撃し、青年たちもその場で射殺された。

写真14　オリーブ山から眺める旧市街。中央に岩のドーム、左にアル＝アクサー・モスクの屋根が見える。

この国境警備隊員は、ドルーズの隊員であった。イスラエルではユダヤ教徒以外の市民に兵役義務はなく、そのため国民の約二〇％を占めるアラブ・パレスチナ系市民は一般的に兵役には就いていない。しかし、同じくアラブ系市民で非ユダヤ教徒のドルーズには伝統的に兵役義務が課されてきた。アラビア語を話す彼らは、占領地内のパレスチナ人の村にイスラエル軍が侵入する際の突撃部隊の前線に立ったり、軍事法廷ではイスラエル軍検察官とパレスチナ人拘束者の通訳者となるなどの役割を負っている。

末っ子の男の子は、その横でビリヤードのアプリゲームで遊んでいる。それが終わると、食器棚の中から水の入ったグラスのコップを大事そうに持ってきた。中をのぞくと、数ミリほどの小さな魚が二匹泳いでいた。

知人がふと、「事件を起こしたのが東エルサレムの人じゃなくてよかった」と本音をこぼした。「もしここだったら、イスラエルは彼らのすべてをむちゃくちゃに破壊するはずだから」。二〇一五年一〇月以降の情勢でも見られたように、事件を起こした東エルサレムのパレスチナ人の家族や地元コミュニティは集団懲罰を受ける。それは時に家族の家の破壊につながることもある。

事件を受けて、旧市街は数日間閉鎖された。どことなく「外の人が起こした事件」という見方もあり、街は静かなままだった。ところが、その後イスラエル当局が治安対策に、ハラム・シャリーフの聖域の出入口に金属探知機を備えたセキュリティゲートを設置するという追加措置を取ったことで、事態は大きく動くことになる。

ゲートの設置に対する東エルサレム住民の反応は素早かった。旧市街と聖域が解放されてからも、ゲートが撤去されるまでは断固として聖域に入らないと抗議の意を示した。普段は聖域内のモスクで礼拝する人たちが、路上に集まって礼拝をするようになった。次第に、普段はモスクで礼拝する習慣のない人たちも集まり始めた。とくにゲートのそばの旧市街のライオン門を中心に、路上礼拝や集団抗議行動が行われた。日中は礼拝に来た人たちに食事の差し入れをする住民も現れた。夕方から夜にかけては、礼拝とともに、歌や行進、シュプレヒコールが起こった。その様子はメディアでも連日伝えられた。よく歌われていたものに、「我々はここに残る」（sawfa nabqā hunā）というものがあった。

人々はゲートそのものに抗議していたわけではない。聖都エルサレムの宗教施設に関しては、オスマン朝時代からの決まりにしたがい、現状に変更を行わない「現状維持の原則」が用いられている。これらの場所は、イスラームの財産寄進制度であるワクフに設定され、今も管理されている。加えて、住民にとってこの場所は、宗教的な聖所であるとともに、日常の憩いの場でもあり、パレスチナ住民としてのアイデンティティを守る大切な場所でもある。敷地内には、学校もある。街の治安を図るのはよい。ただ、一方的にゲートを設置し人々の入域を管理する行為は、現状維持の原則に対する侵犯であり、すでにあらゆるところで進むユダヤ化の生活空間への侵入を象徴づけるものであるとみなされた。現に、この聖域はイスラームにとっての聖所であるが、集団礼拝には十字架と聖書を手にしたパレスチナ人キリスト教徒の青年の姿もあった。

約二週間後の七月二七日、夜明け前にゲートは撤去された。その日の午後遅くに聖域につながるすべての通用門が開かれた時、待ちに待った入域に人々は最大限の喜びを表して聖域内になだれ込んだ。夜には、子どもを含む家族連れも聖域を訪れる、祝祭的な雰囲気に満ちていた。

この期間に起こったことを、ライオン門の近くでカフェを経営する知人はこう話した。「人々が手をひとつにするところを初めて見た」。近年の東エルサレムでは人々が道に出て一つの声を上げることが難しくもあり、また今回の出来事がそんな中において特別な出来事だったことをうかがわせた。犠牲者の出た痛ましい結果に発展したこともあったが、再び聖域に戻れたことを人々は「勝利」と表した。これを経て、東エルサレムの状況が変わるわけではないし、占領体制が終わるわけでもない。ただ、以前アラブ人のある友人が中東地域におけるその言葉の使い方を教えてくれたように、「勝利」とは「叙事詩的」（epic）な概念に近い。すでに半世紀以上も占領が続き、社会を変えるということが難しい状況では、勝利は必ずしも実質的な変化を意味しない。始まったものが、たとえ短期間でも様々な悲喜の瞬間を残しながら、終わりを迎えるということに「勝利」という言葉が使われていたように感じる。それはたとえ、イスラエル政府によるゲート撤去の決定が、東エルサレム住民による抗議行動だけでなく、聖域の管理権の一部を担うヨルダンなどとの外交問題が関わっていたとしてもである。

ハラム・シャリーフの聖域が解放された午後四時頃、私は東エルサレムの北のシュアファート地区から旧市街方面へと向かうミニバスの中にいた。隣にいた青年が、かかってきた電話をとって「今、向かってる（anzil）」と答えた。

アラビア語を直訳すると「下っている」と言っており、北から旧市街のある中心地に向かうという意味である。市街のどこに、と青年が言わなくても周りの乗客には明白だったと思う。この世代を超えた一体性と、抗議行動における主体性が二〇一五年一〇月以降に続いた情勢不安と一番大きく違うことだったのではないだろうか。

ちょうどその頃、あるイスラエル人の女性と知り合っていた。週に一度、定期的に会って話をする間柄となったが、イスラエル建国の一年前に生まれたという彼女からは、その後イスラエル社会がたどった歴史的出来事、彼女自身の仕事、家族について色んな話を聞かせてもらった。先週に増して緊張が高まるエルサレムの状況を見て、彼女は「最近はニュースを見ることが難しくなった」と話す。朝、テレビを付ける代わりに新聞を読む。「新聞にも写真は載っているけど、テレビのように強い映像ではないから」だという。

短い沈黙の後、イッサウィーエ村で人々は何を思っているの、と彼女は聞いた。「ヘブライ大学にメンデルビルディングと名付けられた新しい校舎が数年前にできました。設計した人はアメリカ人だったと思う。その建物からは、イッサウィーエの村を見下ろすことができます。壁一面を窓ガラスにしたのは、きっとそれが建築の流行りだったからでしょう。イッサウィーエをずっと見ながら過ごすことを建築家は意図していなかったはずです」。

そして続けて言った。「イスラエルの法律は複雑です。私たちが最初にここに家を買ったとき、近所の家はどこもみんな同じような造りの家でした。でも数十年経って、今はどの家も違います。私も新しく子供部屋を作ったり、家を改築したりしました。本当はそれにも許可書が必要ですが、それをしなかったからと言って罰金を払わされるということはありません。夫はルールを破ることは好きではないので、私がやっていることを必ずしもよくは思っていませんが。でも、パレスチナ人の家では、一センチの変化を加えるだけで高い罰金を払わなければなりません」。

彼女の家からは、谷を挟んで向かい側にパレスチナの村が見える。もとはエルサレム近郊の集落で生活圏も市内にあったが、オスロ合意やその後の取り決めによって作られた領域区分によって西岸地区に編入され、今では住民がエルサレムに入ることが困難になっている。

日が暮れ始めた彼女の家の庭からは、村の家々に灯りが着き、軽トラックが道を進むのが見える。「夏には村で結婚式がよく挙げられます。音楽も風に乗って聞こえてくる。その風景が美しくて、ずっと眺めています」その言葉を、私は忘れられずにいる。

五　パレスチナ社会とエルサレム

1　表象のなかのエルサレム

ここまでエルサレムについて書いてきたが、その外側にいる大勢のパレスチナ人にとって、エルサレムとはどんな場所なのだろうか。すでに述べているように、エルサレムを含め、現在イスラエル領となっているところに、西岸地区やガザ地区に暮らすパレスチナ人は特別な許可書なしでは入れない。許可書制度は一九九〇年代以降に厳格化され、二〇〇〇年代に入ってコンクリートの分離壁ができてからは、通行そのものが物理的に難しくなった。過去を知る大人たちは、エルサレムに買い物や礼拝に行っていた頃を懐かしく語る。だが、それ以降に生まれた若い世代にとって、エルサレムは近くにあるのに行くことのできない、想像のなかの聖地である。エルサレムに滞在し、検問所を越えて西岸地区に出入りしていた私は、「エルサレムに行けて幸運だね。私はまだ行ったことがないから」という言葉を幾度となく聞いた。

そんな西岸地区の街には、エルサレムの面影が随所に見られる。

ラーマッラーのメインストリートから少しそれた道の壁には、故ヤーセル・アラファトPLO議長とともに「岩のドーム」が描かれていた。ジェリコの野菜市場に近い建物の壁には、パレスチナの地図の中にアラビア語で「アル＝クッズ」の文字があった。ベツレヘムに近いアブ・ディースの分離壁では、壁の一部が壊されて、空いた穴の先から「岩のドーム」が見えている、というグラフィティもあった。

壊れた壁の間からその先に広がる風景を描いたグラフィティは、分離壁でよく見かけた。岩のドーム以外にも、「帰還」を意味するアラビア語の「アウダ（'auda）」という言葉が書かれたものもあった。行きたくても行けない場所への憧憬は、まだ果たされることのない故郷への帰還にも重なる。赤、白、緑、黒というパレスチナ国旗の色で塗られた鍵のグラフィティは、家を追われた人々が、いつか故郷に戻ったときのために持ち続けているかつての家の鍵で、パレスチナ人の離散と帰還権を象徴するモチーフの一つでもある。ベツレヘムのアイーダ難民キャンプの壁には「1948……!?」の文字が書かれている。一九四八年のイスラエル建国とそれに伴う戦争で故郷を追われたパレスチナ人たちの「ナクバ（大災厄）」からはすでに七〇年以上が経っている。解決の糸口が見つからない現状は一体いつまで続くのか、と問いかける。

写真15　ハーレド・ホウラーニー "The Road to Jerusalem" エルサレムまでの距離を示す道路標識。（西岸地区　2014年8月27日）

道路標識も興味深い。エルサレムから西岸地区に入り、ラーマッラーへ向かう道中に、道路沿いのコンクリート壁に埋め込まれた、青と白の陶器でできた四角形の道路標識がある。「アル＝クッズ　Jerusalem　13.78km」とエルサレムまでの距離が表示されている。調べてみると、西岸地区南部の商業都市ヘブロン出身の画家、ハーレド・ホウラーニーによるアート・インストレーション『エルサレムへの道（The Road to Jerusalem）』（二〇〇九）の作品の一つであった。陶器で有名な地元ヘブロン産のタイルを使用した道路標識は、他にも西岸地区の色んな場所に設置されていて、それぞれの地点からエルサレムまでの距離が記されているようだった。

また、ジャーナリストのアラー・バダールネによって撮影された一枚の写真（二〇一七年一二月二九日撮影）は、西岸地区北部の街ナブルスからその南のラーマッラーへ向かう幹線道路上の標識を映したものである。矢印の形をした標識に印字された「ラーマッラー」という都市名は、誰かの手により赤いスプレーで「アル＝クッズ」の文字が上書きされていた。ラーマッラーを越えてさらに南に進むと、その先にはエルサレムの街がある。ただ、その間にある分離壁と検問所、そしてきびしい入域制限によって、実際に到達することは難しい。ハーレド・ホウラーニーは最近の作品集で、分離壁を飛び越える子どもたちのアクリル画を描いている。一人の子どもが両手を広げて壁の上をジャンプしているのが一枚の画になっていて、その一枚一枚に壁を越える子どもの名前が付けられているというものである。

2 壁を越える

しかし他方で、壁の反対側にある場所が、想像上の世界ではなく、現実と地続きになっている人々もいる。西岸地区北部の街ジェニンの近くにある村に立ち寄った際、アラブ・コーヒーを淹れてくれた家族の青年が、自らの腕についたかすり傷を見せて言った。「これ、何の傷だと思う？」そばにいた親戚の女性が、分離壁をよじ登ってイスラエル側に行ったときのものだと教えてくれた。ちょうど、イスラエルの刑務所に収監中の親戚に、禁止されている携帯電話をどのように手渡し、その携帯電話のプリペイドカードを村で購入してチャージしているのか、という話をしている時だった。

青年が何のために壁を越えたのかは分からなかったが、彼のように通行許可書を持たずに壁を越えてイスラエル領に入るパレスチナ人は実は少なくない。なかでも大きな存在が、イスラエル市場で働く日雇い労働者たちである。

パレスチナでも仕事を探すのは難しく、とはいえイスラエルでの労働許可も簡単には発行されない。現在、イスラエルで雇用されている西岸地区出身のパレスチナ人は約七万人とされ、彼らは建設現場や農場、工場などで働く［Kav LaOved 2020］。そして約三万人が、西岸地区の中にあるイスラエル入植地での雇用を許可されている。国連人道問題調整事務所（UNOCHA）の推測では、これに加えて、約一万四〇〇〇人のパレスチナ人が許可書なしでイスラエル側に入り、日雇いの仕事に従事していると言われている［OCHA 2013］。

壁の周辺をパトロールする兵士に見つかれば撃たれるかもしれず、捕まると刑務所に収監されかねない。それでも家族が生活するために、数日おき、あるいは数週間おきに、壁の両側を行き来する。行き先は様々である。エルサレムの南に位置する西岸地区のベツレヘムやヘブロンからは同市に行く人も多いが、ヘブロンなどの南に位置する街では、壁を越えた先のイスラエル南部の街ビルシェバも同様に重要な目的地となっている。西岸地区の中央部や北部からは、イスラエルの中央部に位置し、近年では多国籍企業の現地支部が集まり産業の中心地となっているペタ・ティクバなどが出稼ぎ先となっているようである。

パレスチナ人の建築家で作家でもあるスアード・アミリーによるエッセイ『*Nothing to Lose but Your Life*（命のほかに失うものはない）』［Amiry 2010］は、女性である著者が労働者に扮して、西岸地区のとある村からペタ・ティクバを目指して移動する日雇い労働者たちに同行した道中を綴ったものである。日の出ているうちは兵士に見つかりやすいため、深夜に出発し、夜が明ける前に壁を越える。いくつか決まっているルートがあり、コンクリート壁ではなくフェンスになっている場所、穴が開いている場所、監視カメラから見えない場所を労働者たちは知っている。移動をともにしているのは、二八年間イスラエルで働いていて一度も就労許可がもらえていない男性や、一三歳の少年、二〇代前半の青年たちなど様々である。七、八つの村から労働者のグループが合流し、そのうちの何人かは途中で逮捕され、残った者は移動を続ける。

壁を越えてからの移動も一筋縄では行かない。つい先ほどまで兵士に隠れて移動していたのに、壁の反対側に来た瞬間からはイスラエルの市民らしくふるまわなければ怪しまれてしまう、何とも言えない不合理さ。昼過ぎに目的地のペタ・ティクバに到着しても、その日の仕事を得られるかどうかは、運次第でもある。雇用主に電話をして迎えに来てもらう者もいれば、車が行き交う道路に立って仕事をくれそうな人を待つ者もいる。家の庭仕事をさせてくれるというイスラエル人女性は、この場所で無許可の日雇い労働者が仕事を求めていることを知っているらしい。

道中に交わされる、労働者たちの会話も印象的である。パレスチナ人労働者たちは「命以外失うものは何もないのだ」[Amiry 2010: 76]。「西岸ＩＤはわざと家に置いて来た」[Amiry 2010: 126]。もし警察に呼び止められて、就労許可証のない西岸出身者であることが分かれば、ＩＤは没収され、逮捕される。西岸ＩＤがなければ、イスラエルに住むアラブ人がＩＤを家に置き忘れたと言える。暴行されるかもしれないけど、少なくともＩＤは没収されずに済む。

西岸地区からイスラエルへ無許可で移動する労働者の夜の移動を映した短編ドキュメンタリーに『九時から五時（From Nine to Five）』というものがあるが、タイトルにある「九から五」というのは、労働者が移動を行う午後九時から午前五時までの時間帯を意味している。西岸地区の入植地で無許可で働く労働者たちの実態調査を行ったヴィッカリー[Vickery 2017]は、入植地の近隣の村に住む住民にとって、入植地へ入ることは、パレスチナ自治政府が管理する西岸地区の別の都市に移動するよりもはるかに簡単だったと記している。たとえそれが兵士に見つかる危険を伴うものであったとしても、イスラエル当局が西岸地区内部に敷く移動規制によって、パレスチナ自治政府が管理する都市間の移動がいかに困難になっているかを指摘している。

アミリーのエッセイに話を戻すと、壁を越える直前に、労働者たちを乗せたミニバンが、同じ道を反対方向から走って来たイスラエル軍のジープと鉢合わせする場面がある。車内は静まり返り、全員が逮捕を覚悟したものの、

写真 16 「アッカーは僕の故郷」(アッカー旧市街 2016 年 7 月 5 日)

ジープはそのまま停車したミニバンの横を通り過ぎて行った。「労働者が乗っているって気が付かなかったのか」。あっけにとられて誰かが言うと、別の労働者が答えた。「もちろん彼らは分かっている。彼らは好きなように、好きな時に何をすべきか決定する。それが本当の力だ」[Amiry 2010: 105]。

ある時、地中海沿いにあるイスラエル第二の都市テルアビブから、エルサレムに戻るためミニバンに乗った。すでに夜遅く、イスラエルではシェルートと呼ばれるバンの乗客は運転手も含めてパレスチナ人だった。シェルート乗り場のあるバスターミナルからは、エルサレム行きの大型バスも出ていて利用客も数多い。ただ、バスが西エルサレムの中央ターミナルに到着するのに対し、シェルートなら東エルサレムのある旧市街近くまで行けること、そしてバスの乗り降りの際に並ばなくてはならない手荷物チェックがない手軽さから、この時はシェルートに乗車した。

テルアビブを出発してしばらく走った頃、検問所でシェルートが停車し、兵士が乗客の身分証明書をランダムにチェックし始めた。そのうちの一人は、西岸地区のヘブロン出身だった。西岸IDの他に許可書は持っていたが、エルサレム市内限定なのか、あるいは滞在に時間制限があるものなのか、とにかくテルアビブには来てはならないものだと、若いイスラエル人の兵士は言い張った。「あなたは禁止されている」(inte mamnūʻ)とアラビア語で乗客の男性に伝える。男性は「なぜ禁止されているのか」(lēsh mamnūʻ)と聞き返す。若い警察官の知っているアラビア語は、検問所の兵士たちもよく使うその禁止事項のみで、何かを説明したそうに、でも後が続かず、とにもかくにも「禁じられている」というその言葉を繰り返した。二人のやり取りがしばらく続いた後で、兵士はシェルートのドアを閉めて去り、シェルートは再びエルサレムへ向けて走り始めた。消灯した暗い車内ではなお、「許可証を持っているのになぜ禁じられているのか」というつぶやきが続いていた。男性が所持していた許可証がどのようなものであったのかは定かではない。周りの乗客も言葉少なだ。なぜ自由に移動することが禁止されているのか、それも自分たちの土地で。そのシンプルな問いに対する答えはない。

別の時には、ある知人のお世話になって、家族が営む農場に連れて行ってもらった。そこで作業をしていたナブルス出身の青年は、普段はここで過ごしているが、たまにイスラエル北部の港町アッカーに行って仕事をすることがあるのだという。アッカーには行けるのか（行ってもよいのか）と聞くと、「アッカー、バラディ（アッカーは僕の故郷だ）」と返ってきた。生まれ育ったのはナブルスだが、祖父の代まで家族はアッカーに住んでいた。そんな大ごとではない、ただたまに帰省しているだけだ、というような軽さで青年は答えた。

3　バラディ、バラディ

調査のために西岸地区の北にあるカフル・カッドゥームという村を訪れた帰り道に、村の八百屋に立ち寄った。村から少し離れたバス停まで、車で送ってもらっていた道中のことである。扇風機のかかったコンクリート造りの質素な店内に、いろいろな野菜が箱に並べられている。ある客がその中のひとつを指さし、店主に向かってそれがどこで採れたものかと尋ねた。店主はそれは、と一瞬間を置いて、「バラディ」とだけ答えた。バラディ（baladī）とは、アラビア語で形容詞として用いられた場合に「地元の」「ローカルの」といった意味を持つ。ただ、農業のさかんなパレスチナでは、市場にある野菜を「ジェリコ産のナス」「ジェニン産のスイカ」などと産地名で言い合うことも多い。「バラディ（地元産）」とだけ答えた店主の返事を受けて、居合わせた数名の客は店主を見つめながら続きを促すようにしばらく黙った。

写真 17 「アッカーの地で人生は生きるに値する」、右には「アッカーは売り物ではない」の文字。（アッカー旧市街 2016 年 7 月 5 日）

「地元産、ぜんぶ地元で採れたものだよ。この土地はみんな自分たちのものじゃないか」。店主は笑いながらそう続けた。客は笑わなかったが、店主の言わんとすることは理解できた。「誰の手で作られようと、パレスチナのこの土地で育った野菜はすべて地元産だ」。あえてそう言うのは、この野菜が、おそらくは村の近くに建てられたイスラエル人の入植地で作られたものだからだろう。

パレスチナに暮らす人なら誰しも、代々、村の土地であった場所が非合法的に接収され、入植地が建てられ、そしてそこが皮肉にも近隣のパレスチナ人にとっての雇用を生み出すという現状を知っている。農地もその一つである。入植地で育った野菜をパレスチナ人の店主が仕入れることを、誰も表立って咎めることはできない。店主も、入植地から仕入れたと直接言うことはしない。たとえ入植地で作られた野菜でも、入植地はもともと自分たちの土地で、そこでできたんだから、野菜の産地がバラディであることに変わりない、という店主の言い分は、間違いでもない。

扇風機の回る音が響く店内で、誰かが再び店主に尋ねた。「じゃあ、こっちの野菜は？」店主は差された方を見て、あぁ、それは、と眉を軽く上げて答えた。

「バラディ、バラディ！（正真正銘、パレスチナ産）」

最初の野菜が入植地からのものであったことは、この二回目のやり取りではっきりとした。はっきりとはしたが、店主の回答にはどことなくユーモアがあり、店主の笑顔につられてまわりの客からも笑いがもれた。

東エルサレムで見られる自らの居場所を守ることの切実さは、西岸地区やイスラエル領内のパレスチナ人コミュニティにも共通している。実際、このカフル・カッドゥーム村でも、近くの入植地を守るために、村の一部の道が通行禁止となっている。ここは自分たちの道だと、兵士に投石して刑務所から出てきた男の子は「アル＝アクサー（広くエルサレムを指していると思われる）と一緒なんだ」と言う。

アッカーの旧市街では、パレスチナを代表する詩人マフムード・ダルウィーシュの「この土地で、人生は生きるに値する」になぞらえた、「アッカーの地で、人生は生きるに値する」の落書きを見た。その横には、「アッカーは売り物ではない」の文字もある。地中海に面した城壁の壁には、「アッカー バラディ（アッカーは僕の地だ）」の文字が赤いスプレーで書かれてあった。ナブルス出身の、青年の言葉がふと思い出された。

おわりに

ある日の昼下がり、ヘブライ大学の研究室の一室で、研究者の叔母に付き添ってやってきたパレスチナ人の男の子に出会った。女性教授が同僚と研究プロジェクトについての話をしている間、男の子はおとなしく座って待っていた。しばらくして、暇を持て余したように見えたその男の子に、ノートの切れ端で折った飛行機を渡した。廊下で飛ばした後、戻ってきてもう一枚紙をちょうだいと言う。やぶって渡すと、鉛筆で何かを書き始めた。そこには自分の名前とともに、兄弟姉妹の名前がアラビア語で書かれていて、これを日本語で書いてと言う。その通りに書いて渡すと、自分の席に戻って行った。

しばらくするとまたやってきて、今度はこれを日本語で書いてと言う。そこにはパレスチナ（アラビア語でフィラステーン）とエルサレム（アル＝クッズ）の文字があった。カタカナで「パレスチナ」と書き、一瞬迷って「エルサレム」と書いて手渡した。日本で知られるその街の名前は「エルサレム」だが、男の子と別れた後で「アル＝クッズ」と書いた方がよかったんじゃないかと思い、今でも少し後悔している。彼が本当に知りたかった街の名前は、本当に「エルサレム」だったのだろうか。

エルサレム旧市街の路地の壁に、岩のドームを中心として何重にも重なる文字の落書きがあった。岩のドームはステンシルで、黄金屋根とブルータイルの建物が色付けされている。その周りにあるのは、ガザ、アッラー、ムハンマド、ファタハの文字と、メッカにあるカアバ神殿の四角い建物、そしてダビデの星である。同じ書き手が書いたというより、別の書き手、別の時間に書かれたように見えるが、本当のところは分からない。ただ、この壁の落書きは、エルサレムという場所の、幾重にも問題が絡み合う複雑で混沌とした現状を映しているようで、強く印象に残っている。

本書では、エルサレム、なかでも東エルサレムのパレスチナ人社会をとりまく現状と、そこに生きる人々の日常風景を書き記してみた。そこでは、冬が来る前にカーペットを譲ってくれ「アル＝アクサー・モスクの絨毯と柄が似てるでしょ」と持ってきてくれた姉弟、サイコロ状の肉を買う時は「小鳥の頭サイズに切って」とお願いするのだと教えてくれた近所の女性、家を訪ねると帰り際にレモンの葉やジャスミンの花びらを持たせてくれた旧市街に住む植物好きの女性、そのそれぞれの営みが今日も続いていることだろう。

参考文献

池田明史
　二〇一九「「ユダヤ人国家」の二律背反――相克する民族主義と民主主義」アジア経済研究所『中東レビュー』六。

臼杵　陽

二〇一三　『世界の中のパレスチナ問題』東京：講談社現代新書。
二〇一六　「パレスチナ／イスラエルにおける政治と宗教――二〇一五年アル・アクサー・モスク事件をめぐって」塩尻和子編『変革期イスラーム社会の宗教と紛争』東京：明石書店。

立山良司
一九九三　『エルサレム』東京：新潮選書。

飛奈裕美
二〇〇八　「エルサレム旧市街のパレスチナ社会における占領下の諸問題と抵抗――商店街の事例から」『アジア・アフリカ地域研究』七（二）、二一四―二三七頁。

藤田　進
一九九二　「占領下エルサレムのアラブ民衆」『歴史学研究』六三四、一―一七、五一頁。

山本健介
二〇二〇　『聖地の紛争とエルサレム問題の諸相――イスラエルの占領・併合政策とパレスチナ人』京都：晃洋書房。

渡辺　丘
二〇一九　『パレスチナを生きる』東京：朝日新聞出版。

Amiry, Suad
2010　*Nothing to Lose But Your Life: An 18-Hour Journey with Murad.* Doha: Bloomsbury Qatar Foundation Publishing.

Azem, Ahmed Jamil
2015　"The Israeli Redefinition of Jerusalem" Lena Jayyusi (ed.), *Jerusalem Interrupted: Modernity and Colonial Translformation 1917-present. Massachusetts: Olive Branch Press, pp. 311-354.*

Berda, Yael
2018　*Living Emergency: Israels Permit Regime in the Occupied West Bank.* Stanford: Stanford University.

Cheshin, Amir S., Bill Hutman and Avi Melamed
1999　*Separate and Unequal: The Inside Story of Israeli Rule in East Jerusalem.* Cambridge: Harvard University Press.

Cohen, Hillel
2011　*The Rise and Fall of Arab Jerusalem: Palestinian Politics and the City since 1967.* Abington and New York: Routledge.

Dumper, Michael

2014 *Jerusalem Unbound: Geography, History, and the Future of the Holy City.* New York: Colombia University Press.

Gröndahl, Mia

2009 *Gaza Graffiti: Messages of Love and Politics.* Cairo: The American University in Cairo Press.

Hajjar, Lisa

2005 *Courting Conflict: The Israeli Military Court System in the West Bank and Gaza.* London: University of California Press.

Hass, Amira

2015 "Abbas Can`t Control the Lost Generation of Oslo" https://www.haaretz.com/.premium-abbas-cant-control-his-lost-generation-1.5407457（二〇二〇年八月一日閲覧）

Hasson, Nir

2019 "Palestinians Are Attending Hebrew U in Record Numbers, Changing the Face of Jerusalem" https://www.haaretz.com/israel-news/.premium-palestinians-are-attending-hebrew-university-in-record-numbers-and-changing-j-lem-1.8063702（二〇二〇年八月一日閲覧）

Hasson, Nir

2020 "Israel Picks Up Pace, Grants Citizenship to 1,200 East Jerusalem Palestinians" https://www.haaretz.com/israel-news/.premium-israel-picks-up-pace-grants-citizenship-to-1-200-east-jerusalem-palestinians-1.8384270（二〇二〇年八月一日閲覧）

Jayyusi, Salma Khadra et al.

2015 "Young Voices from Jerusalem" *Palestine-Israel Journal of Politics, Economics and Culture.* 21 (2).

Kav LaOved

2020 "Palestinian Workers" https://www.kavlaoved.org.il/en/areasofactivity/palestinian-workers/（二〇二〇年八月一日閲覧）

OCHA

2013 "The Humanitarian Impact of the Barrier" https://www.ochaopt.org/sites/default/files/ocha_opt_barrier_factsheet_july_2013_english.pdf（二〇二〇年八月一日閲覧）

2018 "Humanitarian Impact of Settlements in Palestinian Neighbourhoods in East Jerusalem: Evictions and Displacements" https://www.haaretz.com/.premium-abbas-cant-control-his-lost-generation-1.5407457（二〇二〇年八月一日閲覧）

Palestinian Counseling Center and Jerusalem Center for Legal Aid and Human Rights

2017 *Violence and Its Impact on Palestinian Families in Jerusalem: A Study by and about Jerusalems Children.* Jerusalem.

Peteet, Julie

1996 "The Writings on the Walls: The Graffiti of the Intifada" *Cultural Anthropology,* 11(2), pp. 139-159.Ricca, Simone

2007 *Reinventing Jerusalem: Israels Reconstruction of the Jewish Quarter after 1967.* London and New York. I.B. Tauris.

Shalem, Avinoam and Gerhard Wolf with photographs by Dror Maayan

2011 *Facing the Wall: The Palestinian-Israeli Barriers*. Köln: Verlag der Buchhandlung Walther König.

Shalhoub-Kevorkian, Nadera

2015 *Security Theology, Surveillance and the Politics of Fear.* Cambridge: Cambridge University Press.

Shibli, Adania

2020 "The Death of a Respectable Professor from the Old City of Jerusalem" Adam Talib(trans.), *Brick: A Literary Journal* 104, pp. 129-133.

Tahhan, Zena

2017 "Why does Israel keep the bodies of Palestinians?" https://www.aljazeera.com/indepth/features/2017/08/israel-bodies-palestinians-170810075805418.html?（二〇二〇年八月一日閲覧）

Vickery, Matthew

2017 *Employing the Enemy: The Story of Palestinian Labourers on Israeli Settlements,* London: Zed Books.

パレスチナ・エルサレム関連年表

1917	英国、バルフォア宣言でパレスチナにおけるユダヤ人の郷土設立を支持
1922	英国、パレスチナ委任統治を開始。エルサレムが統治領の首都になる
1947	国連総会にてパレスチナ分割決議案採択
1948	イスラエル建国宣言。第一次中東戦争とパレスチナ難民の発生
1949	エルサレムが東西に分割、東エルサレムと西岸地区がヨルダン統治下へ
1964	PLO 結成、東エルサレムで第一回パレスチナ民族評議会（PNC）開催
1967	第三次中東戦争。東エルサレム、西岸地区、ガザ地区がイスラエル占領下へ。イスラエル、東エルサレム市域を併合
1974	アラファト PLO 議長が国連で演説、パレスチナの民族自決権が承認される
1980	イスラエル、基本法でエルサレムを首都とすることを法制化
1987	第一次インティファーダが始まる
1991	マドリード中東和平会議開催
1993	イスラエルと PLO が暫定自治に関する原則宣言（オスロ合意）に調印
1994	西岸地区の一部とガザ地区で暫定自治政府（PA）が発足
2000	第二次インティファーダが始まる
2002	分離壁の建設が始まる
2005	イスラエル、ガザ地区から撤退。ガザ地区に封鎖政策を敷く
2006	ハマースが PA 自治評議会選挙で勝利
2007	ハマースとファタハの対立激化、ハマースがガザ地区の実効支配を開始
2014	米国仲介の和平合意がとん挫。イスラエル、ガザ地区に大規模軍事攻撃
2015	アル＝アクサー・モスクで大規模衝突、若者と兵士の衝突相次ぐ
2017	ハラム・シャリーフ通用門への金属探知機設置をめぐり東エルサレムで集団抗議行動。米国がエルサレムをイスラエルの首都と宣言
2018	ガザ地区で帰還の行進。米大使館がエルサレムに移転
2020	米国が中東和平案を発表

あとがき

エルサレムでの留学を終えて、約二年ぶりに現地を再訪した。本書を執筆している最中のことで、書きながら思い返していた路地やグラフィティのあった場所に足を運んでみた。自然な時間の経過から、少し色あせ、壁に薄く残っているものも見つけたが、灰色のペンキでグラフィティが消されている場所も多かった。どことなく、街に元気がないような印象を持ったのは、寒さの厳しいエルサレムの冬の天候のせいだけではないのかもしれない。

それでも、現地で知り合った女の子たちは生まれてきた子どもたちの元気な写真を今も送ってくれる。写真でだけ見てきた友人の息子と自宅におじゃまして会った時、彼女は昼食を準備しながら、息子のお気に入りの子どもチャンネルをパソコンで見せて、水の入ったコップを倒さないかを気にしつつ、その合間になかなか繋がらないスピーチセラピストの番号に電話をかけていた。優しく息子を見守りつつも、ことばの遅れを少し気にしていた。

エルサレム、およびパレスチナへの留学はもともと、イスラエルの刑務所に収監されているパレスチナ人受刑者たちやその家族の投獄体験について調査をすることが目的であった。その過程で多くの家族との縁をつなげてくれたすべての方々に感謝したい。その一方で、エルサレムでの生活がとくに印象強く、感情豊かなものとなったのは、住まいを提供し、滞在期間を通して拠り所となってくれた、旧市街、シェイク・ジャッラー地区、イッサウィーエ村の三つの家族の存在なくしてはあり得なかった。

こうした日々の生活を経験しながら調査を進められたのも、松下幸之助記念財団による長期留学の助成があったからである。貴重な機会を与えてくださった財団関係者の皆さまに改めてお礼申し上げたい。また、大学院へ進学当初からお世話になり、留学の後押しをしてくださった東京外国語大学の松永泰行先生と、千葉大学の酒井啓子先生にもこの場を借りて感謝したい。「面白いと思った感性を大切に」という先生の言葉は、留学中によく思い出し、支えとなった。

本書の執筆にあたっては、構想の段階から風響社の石井雅社長と古口順子さんにお世話になった。同様に、初期の原稿を読み、コメントや励ましの言葉をくださった松下幸之助国際スカラシップフォーラム委員の皆さま、ならびに同時期にブックレットを執筆する縁で集まれたみなさまにお礼申し上げたい。

著者紹介
南部真喜子（なんぶ　まきこ）
1986年、兵庫県生まれ。
東京外国語大学大学院国際総合学研究科博士後期課程在籍。
主な論文に "Heroism and Adulthood among Arrested Youth in East Jerusalem,"（The Project on Middle East Political Science Studies 36 Youth Politics in the Middle East and North Africa)、「パレスチナの壁の落書き」（東京外国語大学アジア・アフリカ言語文化研究所編『フィールドプラス』no.21）などがある。

エルサレムのパレスチナ人社会　壁への落書きが映す日常

2020年10月15日　印刷
2020年10月25日　発行

著　者　南部 真喜子
発行者　石 井　　雅
発行所　株式会社　風響社

東京都北区田端 4-14-9（〒114-0014）
Tel 03（3828）9249　振替 00110-0-553554
印刷　モリモト印刷

ISBN978-4-89489-284-2　C0039